ARCHIVES DES LETTRES MODERNES

202

ALAIN GOULET

le parcours mœbien
de l'écriture
Le Voyeur
d'Alain Robbe-Grillet

suivi de l'extrait inédit d'un débat public
avec
ALAIN ROBBE-GRILLET

PARIS — LETTRES MODERNES — 1982

C

ÉDITION UTILISÉE

Toutes les citations du *Voyeur* renvoient à l'édition suivante : Alain ROBBE-GRILLET, *Le Voyeur*. Paris, Les Éditions de Minuit, 1955, 256 p.

Les références aux pages de ce roman sont indiquées dans le corps du texte, par un chiffre entre parenthèses suivant la citation.

Toute citation formellement textuelle se présente soit hors texte, en petit caractère romain, soit dans le corps du texte en *italique* entre guillemets, les soulignés du texte d'origine étant rendus par l'alternance romain/*italique*; mais seuls les mots en PETITES CAPITALES y sont soulignés par l'auteur de l'étude. Le signe * atteste l'écart typographique (*italiques* isolées du contexte, PETITES CAPITALES propres au texte cité, interférences de sigles) ou donne la redistribution |entre deux barres verticales| d'un état de texte non typographiquement avéré (calligrammes, rébus, montage...).

À l'intérieur d'un même paragraphe, les séries continues de références à une même page ne sont pas répétées.

Toute reproduction ou reprographie
et tous autres droits réservés

IMPRIMÉ EN FRANCE
ISBN 2-256-90394-X

avant-propos

Le projet de cette étude est né de conversations que j'ai eues avec Alain Robbe-Grillet à Würzburg, les 13 et 14 décembre 1977, à la suite de sa conférence sur « Ordre et désordre dans le récit moderne ». Comme je lui demandais s'il avait utilisé le ruban de Mœbius comme générateur du *Voyeur*, il m'a répondu qu'en fait il s'était servi de la lemniscate de Bernoulli, mais il m'a encouragé à étudier le rendement de ces deux figures mathématiques. Ce projet n'a toutefois pris forme que grâce à un mémoire de maîtrise que j'ai dirigé : *Étude du fonctionnement structurel du "Voyeur" d'Alain Robbe-Grillet*, par Thérèse Le Jeune, soutenu à l'Université de Caen en octobre 1979. Que Mlle Le Jeune trouve ici le témoignage de toute ma gratitude pour l'aide qu'elle m'a apportée au cours de nos recherches et réflexions communes. Je dois également remercier Mme Brigitte Rozoy d'avoir bien voulu superviser mes propositions mathématiques et réaliser les schémas de cette étude.

Alain Robbe-Grillet m'a autorisé à publier l'extrait d'un débat public qui s'est déroulé à l'Université de Caen le 24 avril 1975. Il a bien voulu, en outre, manifester son intérêt pour ma lecture, qu'il a trouvée « convaincante ». Un simple remerciement ne saurait lui exprimer toute ma reconnaissance. Enfin je sais gré au Gemeentemuseum de La Haye de m'avoir autorisé à reproduire deux gravures de M.C. Escher, qui me paraissent éclairantes pour comprendre les procédés de construction mis en œuvre par Robbe-Grillet, même si l'écrivain m'a précisé qu'il « ne connaissait pas du tout Escher à l'époque ». Je remercie la SPADEM d'avoir rendu possible cette reproduction.

I

UNE NOUVELLE PROBLÉMATIQUE DE L'ÉCRITURE ROMANESQUE

> « *Je ne transcris pas, je construis.* »
> Alain ROBBE-GRILLET, *Pour un Nouveau Roman* (NRF, « Idées »), p. 177.

E N 1955, un mois après sa publication, *Le Voyeur* se voyait décerner le Prix des Critiques, et Jean Blanzat, l'un des membres du jury, écrivait dans *Le Figaro littéraire* : « *Le Prix des Critiques vient de mettre en lumière le second livre du romancier le plus novateur de la jeune génération* ». Le « Nouveau Roman » triomphait, non sans déchaîner une querelle exemplaire mettant en évidence le fossé séparant de nouveaux principes d'écriture et des lectures qui restaient prisonnières d'habitudes concernant la représentation et le traitement d'un récit[1]. La révolution romanesque, amorcée depuis le début du siècle et portant sur le traitement des personnages et des objets, les catégories de l'espace et du temps, la logique des événements et l'enchaînement des séquences, trouvait un aboutissement provisoire dans un roman déroutant, défiant toute signification univoque et qui semblait se jouer de toutes les lois du genre.

Certes, le lecteur paresseux pouvait être tenté une nouvelle fois de réduire ce roman à une histoire simple, artificiellement compliquée par la présence d'un trou dans la fiction et par un découpage propre à désorienter. Un voyageur de commerce schizophrène débarque un beau matin sur son île natale et se livre à un crime sadique sur la personne d'une certaine Jacqueline qui gardait ses moutons au bord de la mer. Trois jours plus tard, il regagne le continent sans être inquiété. Mais une telle interprétation se condamnait à négliger un résidu considérable d'informations et le caractère spécifique d'une écriture qui fait éclater une lecture aussi simpliste. Toujours prisonnier de l'intrigue, ce grand appât pour consommateurs de romans qui se referme ici comme un piège, notre lecteur pouvait alors se transformer en enquêteur d'un roman policier confus et avorté. L'intrigue, certes, a du mal à se nouer à cause des descriptions sans fin qui retardent et entrecoupent le récit. Mais tous les ingrédients du roman policier sont là, le crime est patent, et si son exécution est occultée, on peut néanmoins le reconstituer à l'aide d'une multitude d'indices et grâce à la mention des instruments de torture. Les mobiles, certes, ne sont pas clairs, mais n'avons-nous pas affaire à un être aliéné par sa psychose ? Tout accable Mathias, son caractère obsessionnel, sa conduite et ses pensées suspectes, sa recherche d'alibis. Mais précisément ne représente-t-il pas un coupable trop idéal ? Et peut-il y avoir réellement enquête alors que les jeux semblent bien être faits dès le début du livre ? En dépit de tous nos soupçons, un doute demeure finalement, car la solution pourrait bien être celle proposée par la compagne de Jean — ou Pierre — Robin, ou par le père de Julien Marek [2].

Au fond, il manque un détective qui mène l'enquête, et l'instance narrative, son point de vue sur les événements contribuent à l'énigme qu'aucun dénouement ne vient éclaircir. Il semble alors plus judicieux de quitter le terrain de la fable, de l'anecdocte, des faits, qui apparaît truqué, miné et conduire à des impasses, pour se tourner vers le phénomène narratif. Les structures complexes et déroutantes du roman ne mimeraient-elles pas les structures d'une conscience, ou mieux, d'un inconscient ? Ainsi s'expliquerait que la logique narrative conventionnelle, qui construit une mimésis des événements à partir d'un point de vue extérieur, n'ait pas ici sa place. Le réel et l'imaginaire échangent sans cesse leurs attributs, leurs caractéristiques, ce qui rend difficile de tracer une frontière entre leurs deux univers. En outre le temps perd son caractère linéaire et son homogénéité : passé et futur interfèrent sans cesse avec le présent, créant une simultanéité des faits de conscience. Le texte met donc en scène des structures mentales privées de temps : il ne fonctionne plus selon les règles d'un déroulement chronologique ni au gré d'un déplacement dans un espace homogène, mais selon des phénomènes d'intensité et d'associations psychiques. Les événements et le monde extérieur sont perçus comme des phénomènes liés par les processus de l'analogie, de l'association, ou de la répétition. Le récit se présenterait donc comme le parcours d'une conscience saisi entre deux événements : l'arrivée et le départ d'un voyageur sur une île. En fait, rien ne se passerait que dans l'esprit torturé de Mathias.

Mais il semble bien hasardeux de transformer purement et simplement notre personnage en narrateur, fût-ce en vertu d'une dissociation psychique. Pour lire vraiment un tel ouvrage, ne faudrait-il pas abandonner — au moins provisoirement — les terrains bien balisés de la mimésis — qu'elle concerne l'objet ou le sujet de la narration — pour observer comment il s'écrit ? La coupure de journal n'indique-t-elle pas que le drame dont il est question s'est déjà joué, a déjà fourni matière à de l'écriture ? Le monument représentant « une femme en costume du pays » n'est-il pas « un monument aux morts », témoignant pour toutes les victimes féminines de l'île dont il sera question dans cette « ancienne légende du pays » que rappelle le vieillard du café ? Et le mystérieux épisode du dessin de la mouette comme la vision non moins énigmatique du quartier Saint-Jacques ne constituent-ils pas autant de données à partir desquelles l'aventure se construit, selon un principe d'intertextualité fondamental, coextensif à la notion même de texte ? L'histoire qu'il nous est donné d'imaginer ne saurait donc avoir aucun caractère d'unicité, pas plus qu'on ne peut concevoir le personnage central comme un sujet plein, fût-il un malade mental. Ce qui est véritablement en jeu, c'est un parcours de l'écriture dessinant ses configurations entre un sujet clivé et des motifs textuels, une écriture qui se donne d'emblée comme réécriture et construction à partir d'éléments divers, jouant un rôle de *générateurs* et aboutissant à une véritable polyphonie qu'il serait vain de vouloir réduire à une quelconque interprétation univoque. Selon la célèbre formule de Ricardou, l'écriture d'une aventure a cédé la place à l'aventure d'une écriture. L'histoire du *Voyeur* est avant tout celle d'un texte qui se construit et se déconstruit selon ses lois d'auto-génération. Les mots, les phrases, les séquences s'inscrivent dans une dynamique, dans un temps et dans un espace proprement textuels. Le récit crée un espace spécifique, à la fois orienté et circulaire, dans lequel les éléments se croisent, se multiplient et se métamorphosent selon des configurations structurales, à fondement géométrique, que nous nous proposons de mettre au jour. Dans cette architecture, les vides sont aussi importants que les pleins, et les ombres se confondent bien souvent avec leurs objets, selon des principes d'écriture dont nous indiquerons les analogies avec les gravures d'Escher.

Nous tenterons donc de jeter les jalons d'une lecture

nouvelle qui suive au plus près le travail de l'écriture, en interrogeant d'abord quelques éléments structuraux qui jouent un rôle de *générateur*. Il s'agira non tant d'expliquer l'œuvre que de comprendre les procédés qui la fondent et l'ouvrent à des interprétations multiples, qui ne valent que par un fonctionnement textuel complexe, mais réglé.

II

ESSAI SUR LE TRAVAIL DES GÉNÉRATEURS

> « *Le projet* [...] *du* Voyeur, *des* Gommes
> *et de* La Jalousie *est centré sur un man-*
> *que.* [...] *Ce qu'il importe en tout cas*
> *de souligner, c'est que ces projets, loin*
> *d'être contraignants, ont un rôle géné-*
> *rateur.* »
> Alain ROBBE-GRILLET, *Le Monde*, 16 janvier
> 1976.

un univers textuel réglé

« *C'était comme si personne n'avait entendu.* » (9). Dès la
première phrase du *Voyeur*, tout est déjà joué. Le discours
de l'œuvre s'inscrit dans le champ de la répétition indéfinie.
« *Toutes choses sont dites déjà ; mais comme personne
n'écoute, il faut toujours recommencer.* », écrivait Gide au
début de son *Traité du Narcisse* [3].

Ces paroles inaugurent des œuvres construites comme
un jeu de miroirs, où l'instance d'écriture — nouveau Narcisse — va « revivre *dans le présent les événements refou-
lés* » [4], conformément à la loi mise en évidence par Freud,
selon laquelle « *il existe dans la vie psychique une tendance
irrésistible à la reproduction, à la répétition* » [4]. Mais de Gide
à Robbe-Grillet, on passe du « comme » au « comme si »,
c'est-à-dire à une représentation au second degré, à une littérature qui joue délibérément avec les lois du langage, de
l'écriture, et celles de la psyché établies par la psychanalyse.
Le Voyeur crée un univers spécifique, en trompe-l'œil, irréductible à toute reproduction de la vie réelle, et qui pourtant est profondément ancré dans la réalité de la vie,

11

« constitue *la réalité* »[5] par sa saisie des systèmes de pensées de notre temps et dans les multiples échos provoqués dans l'imagination du lecteur. C'est que, dit Mircea Eliade, « *l'imagination* imite *des modèles exemplaires — les Images — les reproduit, les réactualise, les répète sans fin* »[6]. On peut relever à ce propos l'ambiguïté de l'emploi de *personne* dans la phrase de l'*incipit*. Robbe-Grillet va s'efforcer de vider son roman de toute personne pour ne laisser subsister que des effets de personnages, il va construire un théâtre d'ombres où tout être se ramène au néant. Mais en même temps il fait appel à la personne du lecteur pour qu'il entende, lui, cette sirène qui n'est pas perçue des passagers de son bateau, il va saturer progressivement son texte de fantasmes, d'un inconscient, en sorte qu'il suscitera, au-delà de tous ses jeux de constructions, une présence personnelle dans et par son écriture. Dans l'échange qui s'instaure entre le narrateur et son lecteur va naître, au fil des images, un imaginaire qui doue cette fiction d'une étrange réalité.

Pour mettre en place son univers de langage, Robbe-Grillet tourne résolument le dos aux procédés surréalistes. Les images et les mots ne se déchaîneront pas selon les hasards de l'auto-allumage du verbe, ils obéiront aux principes d'une mise en ordre. Là où maints lecteurs n'ont vu que désordre, parce que les règles traditionnelles de la représentation étaient subverties, règne la volonté maintes fois proclamée d'instituer un nouvel ordre romanesque. Pour ce faire, Robbe-Grillet a recouru pour chacun de ses romans à un générateur spécifique, « a-naturel », susceptible d'engendrer la fiction en même temps qu'« *il s'engendre lui-même et engendre* [...] *d'autres générateurs* »[7]. De natures diverses, ces générateurs servent à la fois d'échafaudages au texte et d'incitateurs personnels pour donner une forme à l'imaginaire et aux désirs inconscients qui sous-tendent le besoin d'écrire. Ainsi, pour *Les Gommes*, l'écrivain est parti de *l'Œdipe Roi* de Sophocle, et pour *Projet pour une révolution à New York*, de « *la* couleur rouge, *choisie au sein de quelques objets mythologiques contemporains : le sang répandu, les lueurs de l'incendie, le drapeau de la révolution* » [8]. Pour son film *L'Éden et après*, il recourt à la série — qui est le contraire de la narrativité — pour constituer une nouvelle architecture narrative, de façon analogue à la musique sérielle. Au départ, sept thèmes qui devaient apparaître un même nombre de fois, mais qui, obéissant au cours du travail à l'impulsion génératrice, se sont multipliés pour aboutir au nombre de douze [9]. C'est dire que le générateur n'est jamais un modèle figé, mais qu'il est un point de départ qui peut être transformé par le travail de l'écriture ou du film.

la famille des cassinoïdes

Pour *Le Voyeur*, le projet fut double. D'une part un « manque », une scène centrale absente, comme dans *Les Gommes* et *La Jalousie*. D'autre part un générateur mathématique, ce qui présentait l'avantage d'éviter *a priori* tout signifié, tout message. En l'occurrence, ce fut la *lemniscate de Bernoulli*, courbe plane, « lieu des points M tels que le produit de leurs distances à deux points fixes F et F', distants de $2c$, est égal à c^2 ». Elle a « pour équation, en prenant pour axes la droite FF' et la médiatrice de ce segment :

$$\sqrt{y^2 + (x - c)^2} \cdot \sqrt{y^2 + (x + c)^2} = c^2 \text{ »}\ [10].$$

Nous obtenons donc une courbe en forme de huit couché, symbole mathématique de l'infini [**fig. 1**]. Cette symbolisation de l'infini est redoublée par le fait que la lemniscate est l'inverse d'une hyperbole équilatère dans une inversion de centre O et de rapport k [**fig. 2**]. L'hyperbole étant une courbe infinie, la lemniscate est donc le seul moyen de représenter graphi-

13

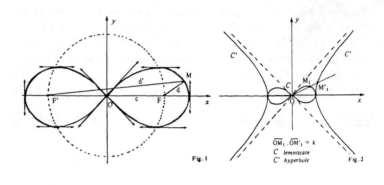

Fig. 1

$$\overline{OM}_1 \cdot \overline{OM}'_1 = k$$
C lemniscate
C' hyperbole

Fig. 2

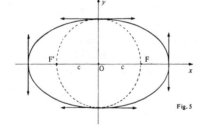

Fig. 3

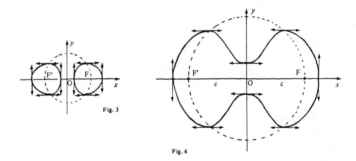

Fig. 4

Fig. 5

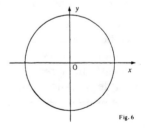

Fig. 6

quement, de façon finie, la notion d'infini, de répétition infinie.

Par ailleurs les tangentes de la lemniscate au point O servent d'asymptotes à l'hyperbole et sont par définition infinies. Or les points de la tangente voisins de O se confondent avec la courbe de l'hyperbole. Donc, à partir de O, il est possible soit de parcourir le double circuit de la lemniscate, soit de prendre la tangente, elle aussi figure de l'infini, lieu des variations, de manière à décoller de la réalité. Comme cette double possibilité affecte la forme d'un Y, nous verrons comment elle permet la permutation *voyageur/voyeur*. Nous retrouverons également cette variation à propos des parcours des mouettes, un des thèmes générés par notre courbe, et du circuit de Mathias — le point M — sur l'île.

On peut remarquer ensuite qu'il existe, à partir de la lemniscate, plusieurs possibilités de transformations. La première peut jouer sur les symétries par rapport aux axes de coordonnées, ce qui permet de scinder la représentation du chiffre 8 en deux chiffres 3, ou en son inverse, la lettre grecque ε (epsilon), ou encore en deux lettres S complémentaires [11]. La seconde tient au fait que la lemniscate de Bernoulli n'est qu'un cas particulier de la famille des cassinoïdes, courbes telles que le produit des distances de chacun de leurs points à deux points fixes F et F' est égal à une quantité constante a. Si donc on désigne par $2c$ la distance FF', la forme de la courbe dépend des valeurs relatives de c et a. Pour $a = c$, on obtient la lemniscate de Bernoulli. Pour $a < c$, elles sont formées de deux courbes distinctes entourant les foyers F et F' [**fig. 3**]. Dans le cas inverse où $a > c$, on obtient une courbe d'un seul tenant. Si $a < c\sqrt{2}$, on a une courbe ayant la forme d'un os [**fig. 4**]. Si $a \geqslant c\sqrt{2}$, on obtient une courbe dont la forme convexe lui vaut le nom d'ovale ou ellipse de Cassini [**fig. 5**]. Enfin, quand a est très grand devant c, on obtient le cas limite du cercle [**fig. 6**].

Il existe plusieurs manières de concevoir les utilisations, dans *Le Voyeur*, des formes et des propriétés de ces différentes cassinoïdes. Ce qui est d'abord le plus évident, c'est qu'elles informent les objets vus par Mathias, qu'elles constituent pour lui des points de repères constants, obsédants, et donc qu'elles donnent accès à son monde intérieur, à sa subjectivité [12]. C'est donc une première manière de résoudre le vieux débat entre écriture objective et écriture subjective [13].

Le premier objet sur lequel se fixe le regard du voyageur est « *une fine cordelette de chanvre, en parfait état, soigneusement roulée en forme de huit, avec quelques spires supplémentaires serrées à l'étranglement* » (10). Lorsque le navire se rapproche lentement de la jetée, « *Mathias essaya de prendre un repère* » (15) et « *finit par arrêter son choix sur un signe en forme de huit, gravé avec assez de précision pour qu'il pût servir de repère* » (16). Incontestablement, il recherche ce signe, le poursuit sans cesse lorsqu'il vient à disparaître. Cette cordelette et le huit creusé dans la jetée par un ancien anneau disparu sont par ailleurs liés intimement dans l'esprit de Mathias puisque « *sans doute cet anneau servait-il autrefois à passer une corde, pour amarrer les bateaux en avant du débarcadère* » (17). Mais cette liaison reste hypothétique, non seulement parce que l'anneau a disparu, mais aussi parce que sa situation au-dessous du niveau de la mer — entendons au-dessous du niveau de la conscience ou de l'écriture — rend son utilisation énigmatique :

Il était cependant placé si bas qu'il devait demeurer presque tout le temps sous l'eau — et quelquefois sous plusieurs mètres d'eau. D'autre part ses dimensions modestes ne paraissaient pas en rapport avec la grosseur des cordages utilisés d'ordinaire, même pour les petites barques de pêche. On n'aurait pu guère y nouer que de fortes cordelettes. (17)

16

Nous voici donc confrontés à l'énigme de l'adéquation de l'anneau et de la cordelette, forme d'une impossibilité pratique de conjonction — ou forme d'impuissance ? C'est peut-être, nous y reviendrons, une première indication d'un passage possible du voyageur au voyeur.

Pour l'instant, continuons à repérer au fil du texte les différents objets en forme de huit : l'hélice (12) ; « *un second dessin en forme de huit couché — deux ronds gravés côte à côte, avec entre eux la même excroissance rougeâtre, qui semblait un résidu de fer* » (21) [14] ; « *le morceau de ficelle roulé en forme de huit* » (30) ; « *deux nœuds arrondis, peints côte à côte, qui ressemblaient à deux gros yeux — ou plus exactement à une paire de lunettes* » (36).

Notons que, dans ce dernier cas, le problème posé par ce dessin rejoint le précédent : il s'agit pour Mathias de dépasser cette apparence imaginaire, de décaper le revêtement de peinture présent vu dans son imagination, pour retrouver un état passé antérieur, un état original où les anneaux auraient virtuellement servi à nouer des cordelettes :

Les fibres y formaient deux cercles foncés, épaissis l'un comme l'autre sur leurs bords inférieurs et supérieurs et munis chacun, en son sommet, d'une petite excroissance dirigée vers le haut. Plutôt qu'une paire de lunettes, on croyait voir deux anneaux peints en trompe-l'œil, avec les ombres qu'ils projetaient sur le panneau de bois et les deux pitons qui servaient à les fixer. Leur situation avait certes de quoi surprendre et leurs dimensions modestes semblaient peu en rapport avec la grosseur des filins utilisés d'ordinaire : on n'aurait pu guère y nouer que des cordelettes.   (37)

Manifestement, cet imaginaire de Mathias au second degré circonscrit une scène originelle non dite, indéfiniment ressassée dans le roman. Il en va de même pour les signes suivants : « *la pelote de ficelle roulée en forme de huit.*

Mathias était devant la porte de la maison, en train de contempler les deux cercles aux déformations symétriques, peints côte à côte au centre du panneau » (40) ; « *le bout de cordelette roulé en forme de huit* » (42) ; « *les différents articles d'une des grosses pinces décrivirent ainsi au-dessus de la table des trajectoires où abondaient les cercles, les spirales, les boucles, les huit* » (139-40) ; « *la fumée, rejetée en arrondissant la bouche, dessina par-dessus le bar un grand cercle, qui se tordit lentement dans l'air calme, tendant à former deux boucles égales* » (178) ; « *il se contenta de raffermir, avec la pointe de son crayon, la boucle mal formée d'un chiffre huit* » (227).

Parfois ces lemniscates se multiplient à la façon des motifs des estampes du graveur néerlandais M.C. Escher, formant soit une frise plane, comme celle qui décore le fronton de la mairie : « [...] *deux sinusoïdes inverses et emmêlées (c'est-à-dire décalées d'une demi-période sur le même axe horizontal).* » (50), soit une frise cylindrique, comme celle de la collerette de la lampe à pétrole : « *Elle est constituée par deux séries superposées de cercles égaux accolés entre eux — d'anneaux, plus exactement, puisqu'ils sont évidés — chaque anneau de la rangée supérieure se situant au-dessus d'un anneau de la rangée inférieure, auquel il est également soudé sur trois ou quatre millimètres.* » (226).

Cette vision obsédante, qui tend à envahir le champ du regard (et de la conscience ?) de Mathias, trouve peut-être sa clé dans l'objectivation, la réactualisation d'une vision d'antan. Mathias, en position de voyeur, surprend la confrontation du jeune Julien Marek avec son père et sa grand-mère. Il voit notamment

[...] les lunettes cerclées d'acier, le long couteau à manche noir, la pile de quatre assiettes creuses et la seconde pile identique accolée derrière, le buste du jeune homme avec sur la gauche un morceau du dossier de sa chaise, le visage pétrifié à la bouche mince et aux yeux fixes, le calendrier illustré pendu contre le mur. (193-4)

Reportons-nous au mystérieux souvenir du dessin de la mouette par l'enfant Mathias, « *assis, face à la fenêtre, contre la lourde table encastrée dans l'embrasure* » (21), « *où nulle ficelle ne tenait de rôle visible* » (11). Ce souvenir ne peut être considéré comme « *histoire* » (18) que s'il fonctionne comme souvenir-écran, masquant une scène primitive non dite, qu'on peut entrevoir à travers les motifs symboliques de ce passage. Julien Marek est le doublet présent de Mathias enfant assis sur sa chaise. Au centre du tableau, les piles d'assiettes (huit au total), forment une lemniscate en relief — figurant ainsi spatialement la superposition et la répétition du motif dans le temps —, à laquelle est juxtaposé le « *long couteau* » (193), symbole phallique et sadique évident, réplique des « *ongles trop longs et trop pointus* » (23) de Mathias. Les « *lunettes cerclées* » (193) évoquent le regard d'un voyeur, « *aux yeux fixes* », tandis que le calendrier illustré « *représentait une petite fille, les yeux bandés, qui jouait à colin-maillard* » (197). Voilà donc esquissée la scène de la conjonction impossible de la cordelette et de l'anneau, du couteau et de la pile d'assiettes, tandis que la fillette aux yeux bandés représente en abîme la victime potentielle d'un crime sadique — Violette, Jacqueline, la fillette du bateau, la serveuse du bar, etc., toute cette galerie féminine qui est fixée sous forme de poupées à l'intérieur de la mallette de Mathias : « [...] *le sujet décoratif parsemant le fond consistait en de minuscules poupées, comme on pourrait en voir sur des rideaux pour chambre d'enfant.* » (23).

Cette symbolique est reprise dans une nouvelle scène de voyeurisme, lorsque Mathias assiste derrière la fenêtre au face à face de Jean Robin — ou Pierre ? — et de la jeune femme, bientôt nommée « la fille » : « [...] *deux assiettes blanches l'une à côté de l'autre — se touchant — et une bouteille d'un litre, non débouchée* [...]. » (223). La juxtaposition des assiettes-lemniscate et du litre empli d'un liquide incertain donne lieu à un théâtre d'ombres, où « *celle immense et déformée de la bouteille* » joue avec « *un croissant d'ombre soulignant l'assiette la plus proche de la fenêtre* », avant de faire place à l'agression symbolique de l'homme, caressant la nuque de la « *fille* » qui pleure (225-6).

Nous pouvons donc considérer la lemniscate, toujours associée à un symbole phallique — les ongles, le couteau, la bouteille, etc. — et à la présence d'une fille, comme le signifiant d'une scène originelle d'agression sadique, implicite, source du fantasme récurrent du livre indéfiniment repris.

À propos de cette interprétation, une remarque : notre lecture consiste à décaper les signes visibles, le vernis du « comme si » qui recouvre les objets proliférant et se superposant à partir de générateurs simples —, comme nous y invite sans cesse le texte, mettant à jour le métal blanc sous le cuivre de la mallette, dénonçant l'imitation sous l'apparence du cuir (23), supposant les nœuds du bois sous la peinture « *en trompe-l'œil* » qui les reproduit en les cachant (36). N'oublions pas que tout le roman est fait d'une prolifération de signes générés à partir du vide central. Et s'il prend l'allure d'un roman policier, c'est pour instituer le lecteur comme enquêteur, non d'un crime réel, mais de ce fantasme originel autour de quoi se produit le texte.

Il est donc évident que les signes que lui adressent les objets, Mathias les porte d'abord en lui, et c'est en cela qu'il est voyeur. C'est pourquoi le parcours sur l'île de son enfance affecte la forme de la lemniscate, symbolisant spatialement les deux boucles qui fondent le personnage : « *Il explique*

20

au patron la configuration générale du chemin parcouru à travers l'île : une sorte de huit, dont le bourg n'occupe pas tout à fait le centre, mais un point situé sur le côté d'une des deux boucles — celle du nord-ouest. » (247). Mathias est donc là pour rejouer son film intérieur, celui précisément qui est annoncé sous le titre « Monsieur X. sur le double circuit » (167) et qui ne peut correspondre à une projection réelle, puisqu'il se joue dans la subjectivité du héros, ou si l'on préfère dans le fantasme de l'écriture programmée par la lemniscate. La bicyclette qui sert à accomplir une première fois le trajet figure elle aussi grossièrement cette courbe, ainsi que sa réplique finale sous forme du fantasme des menottes, qui intéressent Mathias par la manière dont « la chaînette » pourrait relier « les deux anneaux » (228). Mais comme tout le texte dit par ailleurs que cette conjonction est impossible, ou déraille lorsqu'elle est réalisée par la chaîne de la bicyclette, notre héros ne peut être arrêté. Le « crime » n'existe que par un jeu d'ombres complexe qui prend la forme d'une projection sur le papier de notre texte.

de la lemniscate au cercle

Cependant on a pu constater dans plusieurs exemples précédents que la figure de la lemniscate initiale présentait des variations. La plus fréquente est celle qui consiste à disjoindre les deux anneaux, à partir des « deux ronds gravés côte à côte » sur la jetée (21). C'est le cas notamment de la bicyclette, des menottes, et même des yeux dessinés sur le bois ou des deux piles d'assiettes. Ajoutons-y encore la poignée de la mallette, « articulée sur deux boucles en métal » (23), les « deux rondelles de fonte » (136) du fourneau, les « deux assiettes creuses », les « deux verres » et « les deux litres de vin rouge » de l'intérieur de Jean Robin. Nous nous trouvons alors dans le deuxième cas de figure des cassinoïdes présenté plus haut, composé de deux anneaux non contigus [**fig. 3**]. Cette disposition tend à faire passer le motif de l'objet de la vision au sujet regardant, c'est-à-dire à la figuration du regard fixe du voyeur. Cette variation entre l'objet et le sujet trouve sa première expression dans la longue hésitation née de la considération de la porte imaginaire : les « *deux nœuds arrondis* » (36) ressemblent d'abord « *à deux gros yeux — ou plus exactement à une paire de lunettes* » ; puis « *plutôt qu'une paire de lunettes, on croyait voir deux anneaux peints en trompe-l'œil* », ce qui ramène à d'hypothétiques cordelettes (37) ; enfin ce sont « *deux yeux dessinés sur le bois* » (38) qui s'imposent à Mathias et déterminent son entrée. Il en ira de même à l'autre bout de son circuit, lorsque, « *à hauteur du visage, il y a deux nœuds arrondis, dessinés côte à côte, qui ressemblent à une paire de lunettes* » (251). Ce regard fixe reste au demeurant ambivalent, étant tantôt celui du voyeur — Mathias ou Julien — représenté par la paire de « *lunettes cerclées d'acier* » (193) ou ces « *yeux gris* [...] *deux cercles parfaits et immobiles, situés côte à côte et percés chacun en son centre d'un trou noir* » (214), tantôt celui de la victime féminine, tels les « *grands yeux* » (10) de la fillette du bateau, « *presque trop ouverts* » (11), qui dévisagent Mathias, ou ces « *grands yeux* » (151) de la compagne de Jean Robin contemplant la mallette aux montres. Dans la suite d'instantanés qui figent les tableaux du texte, le motif de « l'œil fixe » ou des « yeux fixes » joue un rôle considérable, et constitue le modèle des relations de Mathias avec autrui ou le monde environnant. Le spectacle obsédant semble bien s'être inscrit en « *cercles de feu demeurés sur la rétine* » (227).

Pour lutter contre ce va-et-vient fantasmatique indéfini, le voyeur tente de se raccrocher à son personnage de voyageur de commerce, à la sécurité de la montre qui égrène son temps chronologique impersonnel selon la figure circulaire de son cadran. La jeune femme, chez Jean Robin, souligne cette forme : « *À deux reprises — une fois dans un sens, la seconde fois dans l'autre — son médius décrivit le contour circulaire.* » (151). Or, c'est cette forme du cercle, vers quoi tend l'ovale de Cassini quand *c* tend vers zéro [**fig. 5 et 6**], qui permettra, après le rêve de la troisième partie, la remise en ordre finale, le lavage des signes obsédants remplacés par le vide du O circulaire. Ce sera en même temps l'annulation de la fiction, de l'écriture du *Voyeur*, symbolisée par la destruction de la coupure du journal qui — en abîme dans le roman — relate un crime semblable à celui qui obsède notre héros, et qui doit servir de matière première à une réécriture [15]. Le processus de destruction de ce texte décompose de façon significative les différentes figures des cassinoïdes, avant d'aboutir au grand trou. Le personnage-narrateur-lecteur

[...] lit le texte imprimé d'un bout à l'autre, y choisit un mot et, après avoir fait tomber la cendre de sa cigarette, approche la pointe rouge de l'endroit favori. Le papier brunit aussitôt. Mathias appuie progressivement. La tache s'étend ; la cigarette finit par crever la feuille, y laissant un trou bien rond cerné d'un cercle roux.
    Avec le même soin et la même lenteur, à une distance calculée de ce premier trou, Mathias en perce ensuite un second, identique. Il ne demeure entre eux qu'un mince isthme noirci, large d'à peine un millimètre au point de tangence des deux cercles.   (236)

Voici donc formée notre lemniscate, en creux, à partir des deux cercles qui progressent l'un vers l'autre. Cependant la progression du feu du désir ne s'arrête pas là : partie du cercle brûlant initial, qui dévore « *l'endroit favori* », elle aboutira au cercle final [**fig. 6**], après le passage par le troisième stade des cassinoïdes, celui qui affecte la forme de l'os [**fig. 4**]. Mathias reprend alors ce mécanisme d'annulation pour effacer analogiquement la répétition des signes obsédants précédents qui attesteraient sa culpabilité :

De nouveaux trous succèdent à ceux-là, d'abord groupés par paires, puis intercalés tant bien que mal aux emplacements disponibles. Le rectangle de papier-journal est bientôt entièrement ajouré. [...]
Lorsqu'il n'y a plus, à la place de la coupure, qu'un minuscule triangle tenu entre les pointes des deux ongles, Mathias dépose ce résidu sur le foyer même, où il achève de se consumer. Il ne subsiste ainsi du fait divers aucune trace repérable à l'œil nu.
(236-7)

Ainsi se détruisent la fiction policière du texte, et la « tragédie » qui risquait de s'insinuer par le biais de la « communion » de l'homme et des objets [16]. Nulle preuve n'est laissée au lecteur d'un crime qui aurait eu lieu — l'armature mathématique des cassinoïdes ayant elle-même servi à son propre processus d'annulation —, même pas cette trace symbolique du désir constituée par les ongles trop longs saisissant le triangle — le sexe féminin —, sans doute « l'endroit favori » percé plus haut par la cigarette sadique [17]. Après le « jeu avec le feu », c'est tout ce qui reste de la « robe grillée » de la victime-texte [18].

Après cet holocauste symbolique, les cercles vont se succéder, témoignages du passage à la limite de nos cassinoïdes pour arrêter définitivement l'engendrement, théoriquement indéfini, du texte, après la production pratique du roman, et pour laisser place à un autre infini, celui des lectures. Ainsi la serveuse du bar procède à *« une ultime inspection circulaire »* (245), tandis qu'un homme nettoie la vitrine désormais vide de la quincaillerie — car tous les articles *« ont été enlevés de la montre »* ! — *« à petits gestes circulaires »* (249). Car, de même que Robbe-Grillet se montre particulièrement soucieux de « laver », de « nettoyer » l'écriture romanesque de ses prédécesseurs, chargée de « profondeurs » humanistes [19], de même il procède ici au lavage de tous les supports symboliques engendrés par ses générateurs. Et finalement, c'est sur le « *cercle formé par le cadran de la montre* » (253) que cesse la production du texte, non sans que la répétition de ce syntagme produise une ultime lemniscate ! Sans doute est-il possible de voir dans ce cercle — cassinoïde dont on aurait desserré l'étranglement — le passage de l'écriture à la lecture, grâce au phénomène de transfert qui peut jouer à partir des signes des fantasmes produits précédemment.

affiches

La coupure du journal n'est au reste qu'une des manières de mettre en abîme — la plus évidente, quoique de façon négative, retournée comme dans le ruban de Mœbius — l'écriture du *Voyeur*. Celle qui symbolise le mieux la composition du roman est la succession des trois affiches sur le panneau-réclame, qui correspond à ses trois parties. La première affiche se donne comme une représentation réaliste, quoique anachronique, d'une scène d'agression violente d'un colosse sur la personne d'une jeune fille en chemise (45). Cet irréel de l'image renvoie à la fiction d'un film projeté dans un passé récent — « *C'est le programme de dimanche dernier* [...] » (80) — qui lui-même renvoie à la fiction d'un passé lointain de la Renaissance, de la même manière que le crime de Jacqueline Leduc renvoie à celui de la coupure de journal, se superpose à celui de l'énigmatique Violette, le tout répétant l'« ancienne légende du pays » racontée par le vieillard :

Une jeune vierge, chaque année au printemps, devait être précipitée du haut de la falaise pour apaiser le dieu des tempêtes

25

et rendre la mer clémente aux voyageurs et aux marins. Jailli de l'écume, un monstre gigantesque au corps de serpent et à la gueule de chien dévorait vivante la victime, sous l'œil du sacrificateur. Sans aucun doute c'était la mort de la petite bergère qui avait provoqué ce récit.

(221)

L'évidence de l'image, la précision et le réalisme de l'instantané, ne sont donc cette fois encore que l'actualisation par l'imagerie populaire d'un mythe archétypal originel, comme ce sera par exemple le cas pour *Projet pour une révolution à New York*[20]. C'est cette image indéfiniment ressassée qui donne un contenu psychique à la forme de la lemniscate génératrice et qui, investie par l'imaginaire de Mathias, constitue la représentation obsédante du roman. On peut donc la considérer comme le centre organisateur de la première partie, qui permet de donner une valeur d'indices à tous les objets partiels surgissant au gré de l'imaginaire de Mathias. Car il s'agit bien du positif complétant la scène négative du quartier Saint-Jacques où seuls les objets étaient perçus par le voyeur : lampe de chevet, lit bouleversé, paquet de cigarettes (28-9). À partir de la conjonction de ces deux scènes, le film fantasmatique de Mathias peut se mettre en branle lors de la vision de la chambre au-dessus du café (66—8), puis lors de la répétition de la scène au bord de la mer (77-8).

Au deuxième temps du roman, celui du « double circuit » sur l'île, correspond la deuxième affiche. Les lignes du paysage et des déplacements sont brouillées tant par les procédés d'entrecroisement que par celui de la « surimpression » : « *Certains contours ou taches de couleur apparaissaient çà et là, qui ne pouvaient pas appartenir au premier dessin. Pourtant on n'osait pas dire, non plus, qu'ils en constituaient un second, car on n'apercevait aucune liaison entre eux, on ne leur devinait aucun sens* » (167). Après le « trou » de l'emploi du temps (88), l'histoire ébauchée dans la première

26

partie ne présente plus un paysage cohérent : souvenirs et inventions, tentatives de reconstitution d'un emploi du temps et fantasmes s'entrecroisent, se superposent à la réalité décrite, brouillent le sens. Le soleil de la première partie a fait place à l'ombre et les objets, les aventures se présentent comme un irréel au deuxième degré. Après le réalisme figuratif, la précision des descriptions ne produit que de l'abstraction. Les personnages rencontrés sont comme ces acteurs, aux « *noms étrangers, que Mathias pensait avoir déjà lus souvent dans les génériques, mais sur lesquels il ne mettait aucun visage* » (167). Et le lecteur, comme Mathias, a beau prendre du recul, « *plus il regardait [l'ensemble] plus il le trouvait flou, changeant, incompréhensible* » (168).

Après le trou du rêve vient le temps de la remise en ordre finale, c'est-à-dire de l'effacement des indices. La pluie lave le paysage, l'armoire est vide, la coupure de journal est détruite, cigarettes et papiers de bonbon disparaissent, la bande de vase est propre. Sur le panneau-réclame, la nouvelle affiche se présente comme « *un papier entièrement blanc* » (250) sur laquelle le garagiste trace « *une lettre O de grande taille* ». Notre lemniscate initiale, la ficelle de la narration, s'est changée en cet ovale qui tend vers zéro après s'être bloquée sur les « *spires supplémentaires serrées à l'étranglement* » (10). Après le mouvement informateur de la première partie, générateur d'objets et d'éléments de fiction, le système mis en place a produit les brouillages de la répétition dans les déplacements, après quoi il s'est saturé, l'énergie produite s'est dégradée, et le système producteur du texte meurt par entropie. Descriptions et narration ont accompli leur « *double mouvement de création et de gommage* » [21].

Tandis que ces trois affiches représentent de façon discontinue trois stades de la lecture du texte, le motif de la mouette est sans doute le plus représentatif de la dynamique qui préside à ses transformations, à ses variations, malgré les similitudes de ses apparitions. Ces similitudes s'expliquent par un cliché originel, celui de la mouette de l'enfance qui émerge comme un point fixe, central, des brumes du souvenir. C'est une mouette immobile sur son poteau, que l'enfant s'est évertué tout un après-midi à reproduire fidèlement selon un système de grilles : le cahier, posé parallèlement au bord de la table carrée, répète le cadre de la « *fenêtre presque carrée* » (21) qui, séparée en quatre vitres égales, est analogue au plan carré de la maison distribuée en quatre pièces. Ce système de cadrage et de coordonnées objectives permet à l'enfant de travailler dans la copie, la répétition « réaliste » d'une mouette isolée, référentielle. Incontestablement ce dessin figure l'enfance d'une écriture, assujettie à l'illusion réaliste, dont la finalité consiste à « *reproduire avec fidélité son modèle* » (20). Les deux dictionnaires sur lesquels est assis l'enfant forment le réservoir d'une langue codifiée par l'usage, tandis que l'éclairage se limite à la seule mouette et au cahier, isolant le dessin de son contexte et de ses véritables motivations. Il n'est pas indifférent de constater que Robbe-Grillet, évoquant plus tard ses moments d'« *illusion réaliste* », ait pris précisément l'exemple des mouettes du *Voyeur* [22]. Mais la seule réalité est celle de l'imaginaire, ce que met en évidence la fonction de notre mouette. Car à l'intérieur, dans l'ombre de la pièce et de l'armoire, gît la collection de ficelles, tandis que le flou qui entoure la lande au bord de la mer pourrait bien cacher un autre spectacle. Le résultat de ce dessin naïf, c'est que, malgré l'application de l'enfant, « *quelque chose manquait au dessin, il était difficile de préciser quoi* » (22). Ce manque fondamental, inexplicable, c'est bien sûr celui de l'œil, de cet œil qui apparaît comme l'attribut principal des mouettes en mouvement observées par le voyeur adulte. Sans doute l'enfant aveugle-t-il symboliquement cette mouette parce qu'il refuse qu'elle ait été témoin de sa propre vision, d'une vision non dite, masquée par la brume du temps et de sa mémoire, mais qui constitue la véritable « histoire », que personne ne peut lui avoir racontée puisqu'il était seul. Cette histoire, c'est celle qu'il continuera sans cesse de se répéter, qui a partie liée avec les ficelles et le poteau, c'est le retour du refoulé. Et c'est bien pourquoi Mathias sera obsédé par l'œil rond des mouettes qui le poursuit, comme celui qui poursuit Caïn jusque dans sa tombe.

À cette boucle du dessin de la mouette de l'enfance correspond celle constituée par les mouettes du « présent » de la narration. Au dessin-écriture d'autrefois, épure statique, s'opposent les dessins-écritures actuels, caractérisés par leur mouvement, leurs répétitions, leurs variations à partir de l'œil, point origine des figures des cassinoïdes qu'elles vont tracer. L'écriture du présent, c'est celle de notre texte, celle de la psychose, de la schizophrénie, des variations infinies engendrées par un motif unique initial manquant, à l'image du mouvement répétitif et sinusoïdal des vagues. L'œil, origine absente, est aussi le trou noir ou la page blanche du *Voyeur*.

La description des premières mouettes du roman aboutit toujours à cet « *œil rond, inexpressif, insensible* » (12) qui épie vers le bas. Mathias est traqué par ce regard témoin comme il l'a été par celui de la fillette. Pourtant celui-ci ne déclenche pas immédiatement le fantasme, car toutes ces mouettes passent tout droit, suivent le mouvement infini de la tangente par rapport au bateau, tangente de la future lemniscate. Celle-ci se prépare en creux, par le dédoublement à deux reprises des apparitions (12 et 17), comme sera dédoublé le souvenir de la scène du dessin qui suit (18—20 et 21-2) et par la demi-lemniscate dessinée par ces « *ailes immobiles, déployées en double voûte* » (17). Bientôt, ce rapport de la mouette à la lemniscate, c'est-à-dire à la ficelle initiale, et à la petite fille, se précise. Au bord de la mer, Mathias « *se rappela la petite fille, sur le pont du navire, qui gardait les yeux grands ouverts* » (75). « *La mer montait* », flux de l'inconscient stimulé par le fragment de journal. C'est alors qu'« *une mouette, deux mouettes, puis une troisième, passèrent à la file en remontant le vent de leur lent vol plané-immobile* ». Ces trois mouettes semblent donc poursuivre leur mouvement de tangence, de ce mouvement immobile qui est celui de la psychose, mais elles sont trois cette fois, autre figuration de la demi-lemniscate. Leur vue provoque alors le souvenir des « *anneaux de fer fixés contre la paroi de la digue* », cette paroi qui plongeait dans la mer « *pointant un bec aigu* » (14) — première métaphore explicite du texte dont il est significatif qu'elle soit empruntée au bec agressif de la mouette [23]. Cette fois le fantasme va pouvoir s'enclencher, dans un mouvement de chute dont on ne peut rendre compte que symboliquement : « *Le dernier des oiseaux, décroché soudain de sa trajectoire horizontale, tomba comme un caillou, creva la surface et disparut.* » (75). Mathias ne peut plus prendre la tangente avec les signes qui se sont soudain accumulés dans cette période de creux, il ne peut plus se raccrocher à son activité de voyageur de commerce : comme la mouette dans la mer, il sombre dans son inconscient : « *Une petite vague frappa le roc avec un bruit de gifle. Il se retrouva dans l'étroit vestibule, devant la porte entrebâillée sur la chambre au carrelage noir et blanc.* » La métaphore de la gifle — apparue d'abord entre les deux fragments du souvenir du dessin (21) — a provoqué la rupture d'avec la réalité. Pour la première fois, son fantasme surgit comme une scène animée, sans l'alibi des spectacles prétendument vus (scène du quartier Saint-Jacques, affiche, chambre au-dessus du café), sans autre source que les signes générateurs accumulés — vagues, anneaux, mouettes — chargés désormais de leur valeur symbolique.

Après le trou du bord de la falaise, la seconde partie s'ouvre sur la contemplation du « *cadavre d'une petite grenouille, cuisses ouvertes, bras en croix,* [ayant] *perdu toute épaisseur* » (91). La victime est là, mais dématérialisée, transportée au royaume des « ombres ». C'est alors que, nouveau Christ — victime expiatoire (mais inversée : Jacqueline Leduc « *a le démon au corps* », 83, elle est « *créature d'enfer* », 146) — elle va opérer son ascension [24] et reprendre sa forme d'antan, mouette immobile sur son poteau, mais pourvue cette fois de son œil :

Mathias suivit un instant dans son vol une grenouille assise, qui s'étira pour devenir un oiseau, vu de profil et les ailes repliées, avec un cou assez court comme celui d'une mouette et un bec légèrement courbe ; on reconnaissait même son œil rond. Pendant une fraction de seconde la mouette géante sembla posée sur le sommet du poteau télégraphique.   (92)

Dans le trou qui sépare les deux chapitres, une scène identique à celle masquée par le souvenir-écran du dessin de la mouette s'est rejouée, dont Mathias n'a plus été le voyeur, mais l'acteur, ce qu'atteste ce retour à la mouette immobile de son enfance.

Lorsqu'il côtoie à nouveau la mer, en compagnie de Jean Robin, il retrouve cette mouette immobile, mais sous sa forme trinitaire de demi-lemniscate :

Trois mouettes s'y tenaient immobiles sur de légères proéminences, l'une un peu au-dessus des deux autres. Elles se présentaient de profil, toutes les trois orientées de façon identique et aussi semblables entre elles que si on les avait peintes, sur la toile de fond, au moyen du même pochoir — pattes raides, corps horizontal, tête dressée, œil fixe, bec pointant vers l'horizon. (131-2)

Cette fois encore, le rappel à la scène du dessin s'opère par la comparaison avec une peinture au pochoir qui trace fidèlement les contours comme l'avait fait l'enfant avec la pointe de son crayon. Mais cette fois « l'œil fixe » n'est pas omis. Immanquablement, ce signe produit le déclic du fantasme, d'abord sous forme d'une description topographique :

Le chemin s'abaissait ensuite le long d'une crique, pour atteindre la petite plage qui terminait une sorte de vallée très exiguë, envahie par les roseaux. Le triangle de sable était entièrement occupé par une barque sans mât tirée au sec et cinq ou six pièges à crabes. (132)

Nous pouvons en effet y lire le désir de l'impossible pénétration dans la « vallée très exiguë » d'une petite fille, tandis que le « triangle » du sexe féminin est « occupé par une barque sans mât » d'un voyeur impuissant. D'où l'agressivité sadique symbolisée par les « crabes » venant se prendre à ce piège. Ensuite la vision du supplice se précise par l'apparition de « quatre anneaux de fer scellés dans le flanc vertical [...]. La position anormale dans laquelle les jambes et les bras se trouvaient ainsi maintenus mettait en valeur la sveltesse du corps. Le voyageur avait tout de suite reconnu Violette. » (133). C'est bien là le négatif de la scène du supplice présentée à la fin du livre (245-6), si ce n'est que la forme du corps est passée du X au Y renversé, par suppression de deux anneaux. De la *mouette* à *Violette*, on peut alors lire, en mettant en facteur commun la désinence *-ette* du diminutif féminin, *viol mou*, le crime sadique d'un voyeur impuissant. La boucle de l'un à l'autre ne manque d'ailleurs pas de se fermer par le retour des « *trois mouettes immobiles* » (133), demeurées « *exactement de profil* » « *malgré les déplacements de l'observateur* ». Mais alors, une précision supplémentaire les extrait du champ de vision immédiat : « *l'impression d'une distance impossible à évaluer* » (134) — distance temporelle plus que spatiale, distance du souvenir schizophrénique, d'avec l'« histoire » du dessin qui ne peut encore s'affirmer explicitement. Le souvenir fait donc place à « *l'imagination* ».

La boucle semble donc bouclée entre le souvenir de l'enfant et ces mouettes présentes. Mais dans la troisième partie, les mouettes reprennent vie et multiplient soudain leurs circuits en forme de lemniscate :

[...] deux mouettes décrivaient dans le ciel des boucles entrelacées — tantôt exécutant des cercles contrariés côte à côte, tantôt permutant entre elles leurs circuits en un huit parfait, sûr et lent, obtenu sans un battement d'ailes par un simple changement de leur inclinaison. L'œil rond, inexpressif, que la tête légèrement penchée sur le côté dirigeait vers le bas, à l'intérieur de la courbe, l'œil immuable épiait, semblable aux yeux sans paupière des poissons, comme si une complète insensibilité l'eût tenu à l'abri de tout clignement.   (204)

Les deux mouettes, celle de la scène primitive et celle d'aujourd'hui, répètent à l'infini le signe générateur, inscrivant dans leur ballet « l'œil rond » immuable, insensible, du voyeur. C'est qu'elles annoncent l'arrivée de Julien Marek, le nouveau voyeur, celui qui a été témoin du nouveau crime.

« *Julien avait "vu". Le nier ne servait plus à rien. Seules les images enregistrées par ces yeux, pour toujours, leur conféraient désormais cette fixité insupportable.* » (214). Ses yeux sont semblables à l'œil de la mouette témoin, mais dédoublés en lemniscate, « *deux cercles parfaits et immobiles, situés côte à côte et percés chacun en son centre d'un trou noir* ». Le fantasme n'appartient plus en propre à Mathias, il a été transmis, il se répétera désormais à l'infini. C'est cette transmission du signe qui s'opère lorsque Mathias montre au jeune homme « *les mouettes qui dessinaient des huit entrecroisés* » (208). Et au terme du livre, alors même que sont lavés tous les éléments générateurs, la mouette poursuivra sa « *courbe lente et sûre en forme d'hélice très ample* » (234), imperturbable, obsédante, s'opposant par sa présence au processus d'annulation.

Pourtant Mathias semble avoir été délivré de son obsession par son rêve, le rêve de « *la* mouette ». C'est qu'enfin, dans le délire suivi du rêve, le rapport non dit, caché, inconscient entre Violette et la mouette a pu être identifié, reconnu, avoué. Recru de fatigue, Mathias s'est réfugié dans sa chambre, et soudain l'excitation du présent étant tombée, il s'abandonne et peut revivre *au présent* son enfance. Celle-ci n'est plus aliénée par les « histoires » qu'on lui racontait. Il se la réapproprie : réellement, « *il était de nouveau seul dans cette chambre où il avait passé toute son enfance* » (229). L'armoire est là, la collection de ficelles, et « *au pied du lit, Violette montra son visage peureux* » (230). À partir de là, il peut retrouver la scène du dessin de la mouette, avec la fenêtre carrée, la lande, et la mouette posée sur le piquet de bois. À partir de ces « vestiges » qui avaient précédemment échappé à la censure (car le piquet de bois est « *vestige, sans doute, de quelque chose* ») le rêve va reconstruire, retrouver au présent l'image dessinée par l'enfant, la silhouette immobile de la mouette, imperturbable. Mais il restitue à la scène sa lumière, sa clarté : « *Il faisait du soleil, dehors, dans son rêve* » (232), alors que, dans le souvenir rapporté au début, une petite pluie fine masquait le paysage. Surtout, cette fois, la mouette n'a plus son œil rond, elle n'a plus d'œil. Le voyeur est délivré de son regard intérieur, de son angoisse. On peut d'ailleurs noter le caractère scientifique nouveau, la minutie de la description :

C'est un grand oiseau blanc et gris, à tête blanche sans capuchon. Seules sont colorées les ailes et la queue. C'est la mouette-goéland, très commune dans les parages. [...]
    Elle se présente exactement de profil, la tête dirigée vers la droite. Les longues ailes, repliées, croisent leurs pointes au-dessus de la queue, elle-même assez courte. Le bec est horizontal, épais, jaune, à peine courbe, mais franchement recourbé au bout. Des plumes plus foncées soulignent le bord inférieur de l'aile, ainsi que sa pointe aiguë.
    La patte droite, seule visible (masquant l'autre exactement), est une mince tige verticale, recouverte d'écailles jaunes. Elle débute, sous le ventre, par une articulation coudée à cent vingt degrés [...]. (231)

Dans cette description, la saisie de l'objet s'effectue dans une distance dédramatisante. La mouette en a terminé avec sa fonction génératrice : elle est devenue pure présence, être-là, rassurante. Le fantasme du « voyeur » est réintégré dans l'ordre de la réalité avec la précision scientifique maniaque du « voyageur », qui précédemment, se raccrochait sans cesse à l'objectivité du monde et du temps par ses calculs et la minutie de ses relevés.

    Désormais, le monde imaginaire de l'enfance peut céder la place au principe de réalité du monde de l'adulte. Tout peut rentrer dans l'ordre à commencer par le jardin, « *sagement ordonné en plates-bandes parallèles que séparent des allées bien entretenues* » (232). Mathias coïncide avec lui-même après la catharsis opérée par l'identification de la scène primitive. Étendu, « *les bras en croix* » (229), il est passé par une crucifixion symbolique, et il renaît à une vie nouvelle, purifiée. Son analyse est terminée : maintenant, « *il se sent reposé, tranquille* » (232). Aussi le récit se poursuit-il au présent, car il n'est plus assujetti au poids du passé historique, fantasmatique.

le parcours mœbien de l'écriture

Ce ne sont pas seulement les objets-vestiges qui sont marqués du sceau de la lemniscate, mais aussi toute l'écriture qui se déroule à tous les niveaux selon les boucles répétitives de la courbe qui organise les énoncés, les séquences, le retour des scènes homologues, la distribution de l'ensemble du roman. Nous avons vu que, dès sa première phrase, le texte va s'élaborer selon le principe du redoublement, de la répétition à l'infini des motifs. Mais cette répétition n'obéit jamais aux pures lois de l'identité, du parallélisme, de la symétrie. Ces principes de production du texte sont subvertis par une autre loi, celle du retournement, de l'inversion du sens, comme celle qui s'opère lorsque le crayon suit non pas la figure plane de la lemniscate, mais la figure dans l'espace du ruban de Mœbius [**fig. 7**] [25].

Ce phénomène est le plus immédiatement repérable dans quelques énoncés courts, paroles qui se retournent sur le modèle : « *Eh ho !* » / « *Ohé !* » (162). Le marin renvoie en écho l'appel de Mathias en l'inversant. La communication ne peut se faire entre Mathias et les autres, car ils évoluent dans des mondes différents. Ici, la symétrie équivaut à une annulation de la parole. Parfois au contraire, la scission est interne

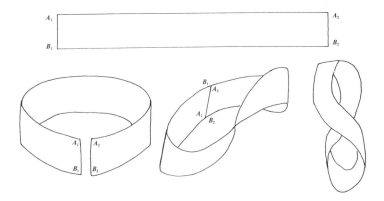

Fig. 7 – *le ruban de Mœbius*

au personnage : « *Vive. Elle était. Vive. Vivante. Brûlée vive.* » (120). Le voyageur vient d'entendre : « *elle est vive !* ». En écho, le voyeur transforme mentalement l'énoncé, le retourne sur lui-même, jouant sur la polysémie de « vive », allumant le brasier sacrificiel, signant au passage sa certitude intérieure de la mort en passant du présent de nature à l'imparfait. Comme dans l'analyse, le mot provoque, suscite les associations mentales, fait bifurquer l'énoncé narratif, opère les ruptures.

C'est ce processus qui est sans cesse à l'œuvre au cours de la narration. La perception d'objets-vestiges, chargés symboliquement, sert de point origine de la lemniscate et fait basculer l'énoncé de la boucle de la perception présente du voyageur à la boucle du fantasme du voyeur. C'est la cordelette roulée en forme de huit qui joue le plus fréquemment ce rôle de pivot (10, 20, 22, 37, 42, etc.). C'est le cas notamment de la première rupture (9-10) qui organise les huit pre-

37

miers paragraphes selon la figure de la lemniscate. À l'étranglement du motif, le paragraphe 5, celui du souvenir de « l'histoire » de la collection de ficelles. Auparavant, le point de vue narratif est celui d'un observateur extérieur, tandis qu'à partir de la rupture, nous pénétrons dans l'univers de Mathias. Le souvenir a opéré la scission du personnage, et la superposition du voyageur et du voyeur rend équivoques tous les énoncés qui suivent, à commencer par la confusion-dédoublement *fi(ce)lle/fille* analogue à celle de *voy(ag)eur/voyeur*, perceptible dans les expressions : « *c'était une belle prise* » ou « *un instant il lui sembla la reconnaître* » (10), ainsi que dans le jeu ambigu des regards. Au point origine du premier paragraphe, nous avons souligné le phénomène de répétition, tandis que la fin du huitième revient au point origine central, au souvenir « *d'un paysage de pluie, où nulle ficelle ne tenait de rôle visible* » (11).

La symétrie des boucles narratives est parfois nettement soulignée par le retour d'un motif identique, comme par exemple celui de la première mouette du roman : « *une mouette grise, toute semblable à la première, passa dans le même sens, suivant sans un tremblement d'aile, avec la même lenteur, la même trajectoire horizontale* » (12). Autour de cette réapparition, notre lemniscate textuelle s'organise ainsi :
1. mouvement du navire/mouette/timbre électrique
2. défilé linéaire de la côte/l'heure ; la montre ; traversée de trois heures
3. sonnerie électrique/mouette/arrêt du bateau
La symétrie des boucles 1 et 3 met en évidence, à l'étranglement de la courbe, l'équivalence de l'espace et du temps : d'un côté le programme du parcours à venir, de l'autre l'espace temporel qui vient de s'achever. Le cadre spatio-temporel programmant la tournée du voyageur est ainsi mis en place, sous l'auspice de l'œil fixe des mouettes. Mais il

aura beau être prolongé par toutes sortes de constructions géométriques et un savant découpage du temps rassurants, les fantasmes surgiront de cet effort même de quadrillage de la réalité : le « *bec aigu* », « le « *triangle de pierre* » et le « *bruit de gifle* » (14-5) viendront rompre la tentative de réduire l'espace en plans parallèles, et les « *gros yeux* » (36) peints sur la porte s'interposent entre les calculs du temps et l'imagination d'une « *vente idéale* ». C'est que cette assimilation du temps à l'espace produit une mise à plat, la réduction à un « *présent perpétuel* » où « *il n'y a pas plus d'ailleurs possible que d'*autrefois. [...] *Il ne peut s'agir ici que d'un déroulement subjectif, mental, personnel* » [26].

À partir de ces modèles initiaux, les sinusoïdes narratives se multiplient, organisant les dédoublements-redoublements à l'image du mouvement ondulatoire des vagues dans le roman. Ainsi pour la séquence du souvenir du dessin (17—22), introduite par la description du « *signe gravé en forme de huit* ». L'obsession des cordelettes fait basculer le texte vers l'« histoire » de l'enfant, jusqu'à ce que l'évocation de la « collection de ficelles » constitue un nouveau nœud de notre sinusoïde. Mathias retrouve le contact avec la réalité du mouvement de l'eau faisant surgir puis disparaître les signes obsessionnels : paquet de cigarettes, dessin en forme de huit couché. Lorsque l'épave du paquet de cigarettes s'enfonce à nouveau dans les profondeurs marines, l'activité psychique du personnage sombre elle aussi, retrouvant le souvenir tronqué du dessin, jusqu'à ce que le « manque » ramène à la « réalité » de la ficelle enfouie dans la poche. Cette alternance des deux boucles met en évidence la complémentarité des deux séquences, présente et passée : le signe en forme de huit est la marque d'une obsession produite par une censure passée, qui apparaît donc sous forme d'un manque au cours de la mise à flot actuelle du souvenir. D'autre part cet exemple permet de passer du générateur-lemniscate qui organise la mise à plat du texte, au générateur-ruban de Mœbius, figure analogue dans l'espace — puisque la lemniscate peut être conçue comme la projection sur un plan du ruban de Mœbius —, qui crée une profondeur d'ordre temporel et psychique, et permet ainsi à l'imaginaire de sortir des jeux formels et de prendre corps. C'est grâce à ce phénomène que se produit l'équivalence entre les signes objectivement perçus et une épaisseur psychique interne au héros.

Mais avant de quitter le motif de la lemniscate, il nous faut interroger une nouvelle fois ce qui se produit au point central, au nœud de la sinusoïde. À ce point de bifurcation, nous avons vu qu'il existait deux possibilités : ou bien suivre la courbe de la lemniscate, ou bien prendre la tangente. Cette alternative est illustrée par les deux mouvements des mouettes — infini de la tangente dans la première partie, infini de la lemniscate dans la troisième —, et elle peut être conçue comme la bifurcation du Y. À la fin de la première partie, au croisement des chemins, Mathias se trouve devant ce choix spatial :

> Aussitôt apparaît le croisement : à gauche le chemin de la ferme, et à droite une sorte de piste, très large au départ, où la bicyclette s'engage sans difficulté, mais qui s'amenuise ensuite en un simple sentier de terre battue — encadré çà et là de tronçons d'ornières, plus ou moins marqués entre les touffes de bruyère et d'ajonc nain — juste suffisant pour y rouler à l'aise. Au bout de quelques premières ondulations de la falaise, Mathias n'a plus qu'à se laisser descendre.   (87)

Robbe-Grillet retrouve ici une symbolique très ancienne : celle du choix entre le bien et le mal :

> On attribue à Pythagore l'idée de voir dans la vingtième lettre de l'alphabet grec, l'upsilon, dont la majuscule (Y) présente deux

branches divergentes, l'une pleine, l'autre déliée, sur une haste commune, une image de la vie humaine et du choix qu'elle impose entre le bien et le mal. Cumont écrit à ce propos [...] : « À une date qu'il est difficile de préciser, mais qui est probablement fort ancienne, les Pythagoriciens, selon leur coutume, rendirent sensible aux yeux par une figure l'apologue des deux routes divergentes. Ce symbole fut la lettre γ, dont la haste verticale se bifurque à mi-hauteur. Elle offrait pour eux une représentation de la vie humaine : jusqu'à l'âge de seize ans elle est commune à tous ; l'enfant, soumis à la direction de son pédagogue, n'a pas encore à choisir entre la vertu et le vice. Mais, quand il atteint l'adolescence, deux chemins se présentent à lui : l'un à gauche lui offre une descente commode, mais il aboutit à un précipice, où tombe celui qui a le malheur de le suivre : c'est la voie du plaisir ; l'autre, à droite, au contraire, est d'abord raboteux et montant ; c'est l'âpre route de la vertu, mais celui qui atteint le sommet de la pente raide peut s'y délasser de ses fatigues. » On peut ajouter que la voie de gauche est plus large que celle de droite, laquelle représente donc l'« étroit sentier qui monte et qui n'est point battu ». [27]

Il y a simplement ici inversion mœbienne du sens : à gauche s'ouvre le chemin de la ferme, tandis qu'à droite s'offre la voie large du « plaisir », qui descend vers la jeune fille au bord de la falaise. Or n'oublions pas que la mouette immobile se présente toujours « *la tête dirigée vers la droite* » (22, 231). Cet Y est aussi inscrit comme un signe sur la victime : « *Un peu au-dessous de la hanche droite elle avait une petite tache en relief, d'un noir tirant sur le roux, grosse comme une fourmi et dont la configuration en étoile à trois pointes rappelait curieusement celle d'un v, ou d'un i grec.* » (133). Ce signe permet de faire communiquer le V initial de Violette et la position de la victime dont les membres liés, les mains derrière le dos et les pieds écartés, assujettis aux anneaux, lui font dessiner un Y renversé (84 et 245-6). En outre la situation équivoque de cette marque est précisée par celle du crabe qui suit bientôt, « *ses pattes anguleuses à demi*

41

repliées convergeant vers un point central du ventre, où la carapace blanchâtre dessinait une sorte d'i grec » (144). Dans le creux du Y, c'est bien le triangle du sexe féminin qui se trouve désigné, mais curieusement déplacé par un tabou, vers la matrice maternelle. Sans doute touchons-nous là l'origine de la psychose qui nous fera remonter de la fillette à la figure de la mère.

Incontestablement, ce carrefour du Y — le carrefour d'Œdipe à la croisée des chemins — trouve sa forme génératrice la plus complète dans la superposition des deux titres qui se sont succédé : *Le Voyageur / Le Voyeur*[28]. Tout le roman est construit sur l'équivoque qui organise les deux boucles psychiques du personnage scindées par la dissociation (*Spaltung*). Tantôt nous suivons l'activité et les perceptions du voyageur, qui s'efforce de circonscrire la réalité en une boucle fermée par une mise en ordre rationnelle et rassurante, tantôt le texte dérive vers la boucle de l'imaginaire qui investit le présent narratif au gré du flux et du reflux psychiques.

retour au sujet

Il devient alors nécessaire de recourir à la psychanalyse, plus spécialement à la psychanalyse lacanienne, pour montrer comment *Le Voyeur* met à jour la structure mœbienne du champ de la réalité du sujet. Car Robbe-Grillet a beau révoquer la possibilité d'un « ailleurs », celui-ci est inscrit dans l'inconscient de son écriture schizophrénique, dans la « *jonction [...] de cet Ailleurs avec le lieu, présent pour tous et fermé à chacun, où Freud a découvert que sans qu'on y pense, et sans donc que quiconque puisse penser y penser mieux qu'un autre, ça pense* »[29]. Le lieu de l'inconscient est bien cette « autre scène » où le sujet — psychotique, schizophrénique dans le cas de Mathias [30] — dépend de ce qui se déroule dans l'Autre, le « Nom-du-Père », « *lieu d'où peut se poser à lui la question de son existence* » [31]. Lacan propose alors un schéma représentant le « *champ de la réalité* », qui « *ne fonctionne qu'à s'obturer de l'écran du fantasme* », sous la forme du plan projectif du ruban de Mœbius qu'il appelle « *le huit intérieur* ». Cette représentation topologique insiste sur le rôle fondamental de la coupure qui structure la réalité comme projection fantasmatique [32].

Au reste, cette structure psychotique n'est elle-même qu'un cas particulier d'un fonctionnement général, puisque

[...] l'homme littéralement dévoue son temps à déployer l'alternative structurale où la présence et l'absence prennent l'une et l'autre leur appel. C'est au moment de leur conjonction essentielle, et pour ainsi dire, au point zéro du désir, que l'objet humain tombe sous le coup de la saisie, qui, annulant sa propriété naturelle, l'asservit désormais aux conditions du symbole. [33]

La relation de Mathias à son environnement constitue donc le modèle de la connaissance humaine, structurée à partir du « stade du miroir » chez l'enfant : « *La fonction du stade du miroir s'avère pour nous dès lors comme un cas particulier de la fonction de l'*imago *qui est d'établir une relation de l'organisme à sa réalité — ou, comme on dit, de l'*Innenwelt *à l'*Umwelt » [34]. Car la psychanalyse

[...] a découvert, avec l'inconscient, le paradoxe d'un sujet constitué de ce qu'il ne peut pas savoir, et que cette découverte est corrélative de celle de la profonde dépendance du sujet à l'égard de l'ordre du langage : dès lors qu'il parle, le sujet est déterminé par son discours d'une façon qui ne peut qu'échapper à sa prise, puisqu'il est lui-même constitué comme effet du discours. Il y a enveloppement du sujet et de son rapport au monde, par le langage. [35]

C'est ainsi que le personnage Mathias se constitue dans et par le déroulement mœbien de l'écriture, à partir du vide central de la scène primitive absente comme signifié, et de la structure génératrice de la lemniscate et de ses dérivés comme signifiant, trace présente de l'absence. Comme pour la lettre volée, « *le signifiant est unité d'être unique, n'étant de par sa nature symbole que d'une absence* » [36]. Les productions fantasmatiques, analogues à la lettre retournée dans le texte de Poe, sont l'ombre projetée sur le parcours mœbien de l'écriture par ce vide originel, et le personnage de Mathias prend forme selon la répétition symbolique qui est de l'ordre du langage [37]. Ainsi se trouvent justifiées les propositions théoriques de Robbe-Grillet refusant l'humanisme traditionnel fondé sur la notion de sujet plein, et considérant ses romans comme une « *réflexion sur la réalité (ou sur le peu de réalité, comme on voudra)* » [38]. Comme l'a mis en évidence Olga Bernal, le discours de Robbe-Grillet déploie la présence de l'absence, chacun des deux termes n'existant que par rapport à l'autre [39]. C'est cela qui, en dernier ressort, forme les deux faces du ruban de Mœbius de notre texte, unité qui fait de la « réalité » perçue la face inverse de « l'imaginaire », ruban non orienté, qui n'a ni envers, ni endroit et qui, parcouru par le trait de l'écriture, institue le sujet comme symbolique et renverse le sens de l'histoire. Mathias et son aventure ne peuvent être saisis par le lecteur que dans le seul fonctionnement de la structure génératrice.

Or cette structure constitue le personnage autour d'une dissociation fondamentale, la *Spaltung* qui fend son nom autour du Y central et qui est à l'origine du terme *schizophrénie* (du grec *skizein* : « fendre, cliver », et *phrên* : « esprit »). Ce clivage trouve sa manifestation la plus complète au cours de la crise schizophrénique qui divise littéralement Mathias en deux dans le café des Roches Noires :

Mathias termina son absinthe. Ne sentant plus la petite mallette entre ses pieds, il abaissa le regard vers le sol. La valise avait disparu. Il enfonça la main dans la poche de sa canadienne, pour frotter ses doigts maculés de cambouis contre la cordelette roulée, tout en relevant les yeux sur le voyageur. La patronne crut qu'il cherchait de la monnaie et lui cria le montant de la consommation ; mais c'était le verre d'absinthe, dont il s'apprêtait à régler le prix. Il se tourna donc vers la grosse femme, ou vers la femme, ou vers la fille, ou vers la jeune serveuse, puis reposa la valise afin de saisir la mallette tandis que le marin et le pêcheur s'immisçaient, se faufilaient, s'interposaient entre le voyageur et Mathias...

(222)

L'angoisse provoquée par l'évocation du crime a eu raison de la successivité avec laquelle s'opérait jusque-là la dissociation psychique. La coupure entre Mathias et son personnage de voyageur est ici totale, s'opérant par le contact de la cordelette-ruban de Mœbius qui s'est substituée à la forme pleine et rassurante de la mallette, et elle aboutit à l'évanouissement, gommage absolu de la réalité personnelle.

Mais il ne suffit pas de constater cette « refente » ou « *clivage du Moi* »[40], il faut en chercher la cause dans le concept d'« identification » qui en est inséparable. Freud et Lacan ont montré que ce clivage se manifeste de façon éminente dans le champ de la perversion, dans la « *relation particulière du pervers à l'acte*, [...] *pour autant que celui-ci, du fait de la répétition qui lui est interne, projette en arrière de lui quelque chose dont le sujet se trouve marqué à son insu, et qui le détermine comme exclu* »[41]. Il nous faut donc trouver, au-delà de l'acte fantasmatique, l'origine de la faiblesse associative primaire. Incontestablement, cette « refente » du sujet trouve sa source dans le manque de l'objet premier, la mère, dont l'absence dès le début de l'existence de Mathias a déterminé le vide originel. Cette « histoire » affleure de façon significative au moment où le

45

héros, réinstallé dans son enfance, va rétablir par l'hallucination et le rêve les corrélations masquées de l'épisode du dessin. Mais contrairement à celui-ci, il reste exclu du souvenir de sa mère : « On lui avait souvent raconté cette histoire » :

Ainsi, il était de nouveau seul dans cette chambre où il avait passé toute son enfance — à l'exception toutefois de ses premières années, depuis la mort de sa mère, survenue peu après sa naissance. Son père s'était remarié très vite et avait aussitôt repris le petit Mathias à la tante qui l'élevait comme son propre fils. L'enfant, adopté avec autant de naturel par la nouvelle épouse, s'était longtemps tourmenté pour savoir laquelle de ces deux femmes était sa mère ; il avait mis plus de temps encore à comprendre qu'il n'en possédait pas du tout. (229-30)

Le manque de la mère est donc cause de la première frustration, mais l'enfant n'en prend pas d'abord conscience puisqu'il est comblé par deux objets transitionnels : les deux mères de substitution, d'où une mauvaise identification et le dédoublement de la personnalité qui s'ensuit. Voici donc désignée à la fois la source des deux boucles du ruban de Mœbius que parcourt indéfiniment l'imaginaire de Mathias et celle de son impuissance qui fixera son agressivité sur une victime exemplaire, dérivée de la mère, Violette. Notons à ce propos que, de façon symétrique, Jacqueline-Violette a perdu son père (85) et que la mère de Julien est partie sur le continent. Car ce clivage en entraîne d'autres : le dédoublement Jacqueline/Violette, Jean Robin/Pierre, Mathias/Julien.

En outre une relation secrète semble établie dans cette scène entre la mère manquante et la présence de la mouette, témoin imperturbable d'un passé refoulé dans l'inconscient. Lorsqu'elle apparaît sur le poteau-vestige séparant le jardin de la lande extérieure, la mouette constitue une sorte de présence tutélaire, gardienne de l'univers clos et protégé de l'enfance, substitut de la mère absente. Or, dans *L'Odyssée*, c'est sous la forme d'une mouette qu'Hermès, puis la déesse Ino, viennent rendre visite à Ulysse, prisonnier dans l'île de Calypso, pour le conseiller de la part de Zeus [42]. La mouette pourrait donc être ce messager des dieux, gardienne de l'identité de Mathias et permettant l'issue finale.

La lecture des signes extérieurs se confond avec la mise à jour de l'inconscient. Des propositions de J. Lacan, extraites du rapport présenté au Congrès de Rome de 1953, illustrent plus particulièrement cette rencontre entre *Le Voyeur* et la psychanalyse en ce qu'elles semblent programmer notre roman. Or Robbe-Grillet s'est défendu de les connaître lorsqu'il l'a écrit, ce qui prouverait, à côté des analyses de Goldmann rapportant le regard choséifiant le monde au processus de « *réification* » [43], le caractère profondément « réaliste » de ce roman, ancré dans la réalité contemporaine.

L'inconscient est ce chapitre de mon histoire qui est marqué par un blanc ou occupé par un mensonge : c'est le chapitre censuré. Mais la vérité peut être retrouvée ; le plus souvent déjà elle est écrite ailleurs. À savoir :
— dans les monuments : et ceci est mon corps, c'est-à-dire le noyau hystérique de la névrose où le symptôme hystérique montre la structure d'un langage et se déchiffre comme une inscription qui, une fois recueillie, peut sans perte grave être détruite ;
— dans les documents d'archives aussi : et ce sont les souvenirs de mon enfance, impénétrables aussi bien qu'eux, quand je n'en connais pas la provenance ;
— dans l'évolution sémantique : et ceci répond au stock et aux acceptions du vocabulaire qui m'est particulier, comme au style de ma vie et à mon caractère ;
— dans les traditions aussi, voire dans les légendes qui sous une forme héroïsée véhiculent mon histoire ;
— dans les traces, enfin, qu'en conservent inévitablement des

distorsions, nécessitées par le raccord du chapitre adultéré dans les chapitres qui l'encadrent, et dont mon exégèse rétablira le sens. [44]

L'inconscient formel de Mathias est donc à chercher dans les traces archéologiques déposées dans les strates de notre texte. Ce « chapitre censuré » est « déjà » écrit ailleurs, dans l'Autre du langage, dans les objets qu'il répertorie et décrit inlassablement. Les objets « monuments » d'abord, toujours présents comme traces d'un manque inexplicable, tels que la cordelette embrayeur du passé, les anneaux qui ne subsistent que comme marque gravée, le paquet de cigarettes qui est englouti par les flots. Ces traces matérielles annulent les distinctions entre le registre du fantasme et celui de l'histoire, car elles désignent l'inconscient qui produit l'un et l'autre. Les « documents d'archives » sont constitués par les souvenirs d'enfance du voyageur qui, eux aussi, sont indissociables de la fabulation, comme dans l'épisode de la rencontre avec Jean Robin. Déjà dans la formule-leitmotiv « on lui avait souvent raconté cette histoire », l'histoire se donne comme illisible et aliénée, le *on* impersonnel relayant la mémoire personnelle. L'inconscient est encore présent dans le miroitement sémantique du roman. Les mots décrivant la réalité perçue par le voyeur — montres, mallette, bicyclette, île, mouvement des vagues, etc. — constituent autant de traces d'un désir qui ne peut se dire directement et se chargent d'un sens érotique ou libidinal. Cette écriture qui semble refuser la métaphore est tout entière métaphorique, désignant l'inconscient du sujet dans le langage de l'objectivité du monde. Ce sont ces mots qui le désignent comme impuissant et voyeur, alors même qu'il n'est jamais qualifié comme tel. Les « traditions » et les « légendes » constituent une autre strate de l'archéologie de notre lecture. Ce sont aussi bien les mœurs des habitants de l'île et leurs paroles, les affiches du cinéma, que cette statue immortalisant « *une femme en costume du pays* » (44) et cette « *ancienne légende du pays* » (221) qui plonge l'inconscient de Mathias dans un inconscient collectif immémorial. Les fantasmes ne font que reproduire un rite sacrificiel qui délivre périodiquement l'île de son « démon », « sous l'œil du sacrificateur ». Enfin ces traces sont celles qui président à toutes les « distorsions » du discours, aux raccords des séquences, à leurs transformations et à leur déraillage par le fait de lapsus, de rêves, d'associations involontaires, aux ruptures et aux blancs du texte. Comme Pierre Bayard l'a établi pour *Armance*[45], il existe un rapport intime entre les obsessions de Mathias et les modes de la narration et d'énonciations : répétitions, redondances, complexes sémantiques hallucinatoires, ruptures et failles textuelles. L'écriture a pour fonction de voiler et dévoiler le désir, non seulement de Mathias, mais aussi des lecteurs, et à travers eux ce sont les fantasmes de notre monde contemporain qui sont mis à jour, les pulsions de notre inconscient collectif. En définitive cet inconscient censuré prend forme par le personnage de Mathias, mais il n'est pas lui : il est l'inconscient d'un temps et d'une civilisation, car il est, selon Lacan, « le discours de l'Autre ». Au-delà de l'histoire d'un personnage désapproprié de soi, *Le Voyeur* est le lieu de « l'Autre du langage », le lieu où « ça parle », c'est-à-dire un diagnostic de notre société.

l'épaisseur temporelle

Revenons à nos générateurs mathématiques. Partir de la lemniscate de Bernoulli c'était, pour Robbe-Grillet, vouloir mettre à plat la réalité de l'homme du monde et de l'écriture dans un espace à deux dimensions, par souci thérapeutique, pour les débarrasser de toute cette intériorité fallacieuse, anthropomorphique, accumulée par la littérature. Mathias n'est *a priori* qu'une construction textuelle, élaborée par des effets de sens, circonscrit au présent de ses visions et de sa conscience. Mais c'était se condamner à dessiner à plat, comme l'enfant sa mouette, se contenter des contours de la réalité, manquer l'œil central et l'épaisseur de la vie. Car les figures planes ne permettent pas de rendre compte de la manière dont les deux histoires, celle du voyageur de commerce en tournée sur l'île et celle de la disparition de la jeune fille se croisent, de façon toujours oblique et transversale. Au contraire nous avons vu que, pour intégrer à l'espace du texte toute son épaisseur temporelle et surtout les effets d'ombre et de lumière qui peu à peu dessinent un inconscient du texte, circonscrivent le rôle moteur du désir et des pulsions, nous étions obligés de recourir à la figure du ruban de Mœbius, lemniscate dans l'espace, non orientée, dont la face unique, sans envers ni endroit, permet d'unir en un même procès l'objectivité du regard et la subjectivité d'une conscience, et qui désoriente la narration, la projette dans son espace fantasmatique, indéfiniment répétitif, tout en jouant avec les possibilités de transformation propres au ruban. Revenir au point de départ — comme Mathias sur la digue à la fin de la deuxième partie — c'est se retrouver du côté opposé de la surface d'où il était parti, après avoir parcouru le double circuit qui « tourne » mal, du matin et de l'après-midi [46]. Au centre du ruban, il y a ce trou béant, irréductible. La troisième partie pourrait correspondre à la transformation qui s'opère lorsqu'on coupe le ruban le long de sa ligne médiane. On obtient alors un anneau deux fois plus long, tordu d'un tour sur lui-même, figurant le double circuit du voyeur pendant sa journée du mercredi, retournant au bord de la falaise, qui permet une double projection du « crime ». Dans la première boucle, la jeune femme accuse son ami Pierre ; dans la seconde, Julien est investi du fantasme par sa vision. Coupons à nouveau le ruban après le blanc de la page 231, nous obtenons deux anneaux libres, l'un dans l'autre, chacun d'eux tordu sur lui-même : d'une part la journée du jeudi consacrée à l'effacement des indices (231—53), d'autre part la journée du vendredi avec le départ de l'île et la bouée qui surnage, seul reste de toute la construction narrative (253—5) [47].

Si nous examinons cette curieuse bouée, nous constatons qu'elle est constituée de « *trois fractions sensiblement égales* » (255), qui peuvent correspondre aux trois parties du roman. La première, « *mince tourelle à jour de section carrée* », met en place l'infrastructure romanesque qui circonscrit un vide central. La seconde, « *sorte de cage cylindrique à barreaux verticaux, abritant un signal lumineux placé au centre* », représente cette cage mentale dans laquelle se débat Mathias, pris au piège de son acte, signal lumineux qui le désigne comme coupable. La troisième, « *séparée du cylindre par une tige qui en continuait le grand axe* », est constituée de « *trois triangles équilatéraux, pleins et superposés, le sommet de l'un soutenant en son milieu la base horizontale du suivant* ». Ce sont les trois journées de la troisième partie, mercredi, jeudi, vendredi, narrées en trois fragments de longueur dégressive, séparés par des blancs, qui se superposent en prenant appui sur la pointe du précédent : la vision de la mouette et celle de la montre.

Or toute cette construction complexe repose sur un support conique qui lui-même plonge dans la mer de l'inconscient. Faut-il y voir le cône bergsonien de la mémoire où le souvenir, s'actualisant, redevient perception ? Peut-être est-il plus producteur de le rapprocher du cône de la relativité, qui permet le passage des trois dimensions de l'espace du ruban de Mœbius aux quatre dimensions de celui de la rela-

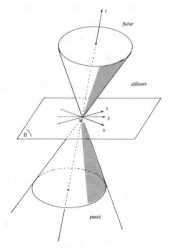

Fig. 8 – *le cône de la relativité*

tivité, la quatrième étant celle du temps [**fig. 8**]. Les deux parties intérieures aux nappes du cône, celle du « passé » et celle du « futur », formées de l'ensemble des points pour lesquels le carré de la distance entre deux points est positif, sont symétriques. Mathias — et l'écriture — sont programmés par la répétition fantasmatique d'un motif psychotique. À l'extérieur, l'« ailleurs » est la partie de l'espace telle que le carré de la distance entre deux points est négatif, c'est-à-dire qu'elle constitue l'espace de *l'imaginaire*. La « surface de séparation », ensemble des points tels que le carré de la distance entre deux points est toujours nul, constitue les nappes du cône. Si nous les coupons par un plan, nous retrouverons les hyperboles dont nous sommes partis pour construire une lemniscate. En termes de réel physique, nous ne pouvons nous déplacer qu'à l'intérieur du cône. Mais il est possible de considérer le plan de symétrie π, perpendiculaire à l'axe du cône, qui est aussi l'axe d'écoulement du temps, comme l'espace de notre roman, qui construit un imaginaire en projetant passé et avenir dans un même présent textuel puisqu'il est le plan de l'espace du point M à l'instant $t = 0$. Ainsi s'expliquerait qu'il soit le lieu de la répétition et de l'émergence du sens en même temps que son annulation. *Le Voyeur* investit donc l'imaginaire mathématique pour élaborer une réalité nouvelle, linguistique et psychique, constituée par l'Ailleurs de Mathias, C'est en cela que le cône de la relativité peut servir de base à l'ensemble de la construction romanesque, conciliant la volonté de destituer les vieux mythes de la profondeur et les effets de profondeur inscrits dans l'écriture.

Rendons, au terme de notre circuit, la parole à Robbe-Grillet : « *Avant l'œuvre, il n'y a rien, pas de certitude, pas de thèse, pas de message. [...] C'est précisément ce "comment", cette manière de dire, qui constitue son projet d'écrivain, projet obscur entre tous, et qui sera plus tard le contenu douteux de son livre* »[48]. On a pu constater que, loin d'engendrer un formalisme littéraire, le recours aux générateurs mathématiques lui a permis d'élaborer une représentation moderne de l'homme de notre temps, construite et articulée dans le mouvement de circulation des motifs qui le constituent, c'est-à-dire en fabriquant du symbolique qui annule la dichotomie traditionnelle entre la réalité et l'imaginaire.

Fig. 9 – M.C. ESCHER, *Le Ruban de Möbius II*
(Cliché Haags Gemeentemuseum, La Haye)

III

REPRÉSENTER / CONSTRUIRE / CRÉER

1. LES CODES DE LA REPRÉSENTATION

REPRÉSENTER suppose *a priori* le passage d'un ordre de sensations/perceptions de ce que nous nommons « réalité » en un autre système conventionnel, codé, variable selon les arts et différent selon les civilisations et les époques. Le « réalisme » résulte toujours d'un code, mais d'un code habile à se faire oublier comme tel, puisque son objectif est de créer l'illusion de la réalité. Le paradoxe cependant est qu'un tel code banalisé finit par vivre de ses propres conventions et que, se sclérosant, il aboutit à des stéréotypes qui négligent la réalité qu'il est censé exprimer. C'est pourquoi les véritables artistes ont toujours manifesté leur souci de trouver de nouvelles techniques, de créer un nouveau langage, permettant d'appréhender une réalité qui se modifie sans cesse. C'est pour parvenir à exprimer une nouvelle vision de l'homme et du monde que les écrivains dits du « Nouveau roman » ont élaboré de nouvelles formes d'écriture. Comme l'affirme Michel Butor, « *l'invention formelle dans le roman, bien loin de s'opposer au réalisme comme l'imagine trop souvent une critique à courte vue, est la condition* sine qua non *d'un réalisme plus poussé.* » [49].

Les révolutions qui se sont produites dans les arts graphiques permettront de mieux comprendre la nécessité du renouvellement des techniques de représentation. Après le système pictural du Moyen Âge fondé sur une symbolique, la Renaissance avait fait prévaloir la perspective linéaire à point de fuite unique comme solution à une véritable représentation réaliste. En fait la perspective résulte d'une construction mathématique projective permettant de reproduire une réalité spatiale sur une surface plane ; elle est une des formes symboliques dont l'objectif est de lier une perception et un imaginaire à un signe sensible concret. Son aspect conventionnel a été mis en évidence par des révolutions picturales successives, depuis celles de Cézanne et du cubisme en particulier.

Réfléchir à de nouveaux modes de représentation suppose donc un travail sur le code, préalable à toute idée de message. Réciproquement toute interprétation doit pouvoir produire son code de lecture.

2. ESCHER ET LE TRAVAIL SUR LES CODES

Le graveur néerlandais M.C. Escher (1898—1971) s'est appliqué de façon exemplaire à démonter les illusions de la perspective en recourant à des techniques qui évoquent, *mutatis mutandis*, celles qu'utilisera de son côté Alain Robbe-Grillet pour démonter les illusions du réalisme romanesque. Pour tous les deux, le travail de construction supplante le souci traditionnel d'imitation et de représentation.

L'art pictural traditionnel vise à donner une profondeur à la représentation. Les procédés qui créent la perspective effacent le support comme matérialité plate, donnent l'illusion de volume, lient la figure à son environnement. À partir de cette articulation majeure du fond et de la figure, l'art s'attache moins à dessiner des volumes et des formes qu'à composer une « histoire », selon des principes de « vraisem-

blance » hérités d'Aristote : principes de clarté, de rationa-
lisation, d'unité, et finalement d'évidence plutôt que d'illusion.

Cependant les paradoxes de la perspective peuvent être
mis en lumière par deux techniques simples, pratiquées de
longue date, et d'abord par celle de la marqueterie. Cet art
de la surface consiste traditionnellement à élaborer une
représentation en perspective à partir d'un placage ou d'une
incrustation d'éléments colorés simples qui, pris isolément,
sont insignifiants. Seule leur juxtaposition réglée prend une
valeur représentative, permet la création de figures et le
processus de signification. Le recours à la géométrie projective transforme la surface en produisant l'illusion de la
profondeur.

D'autre part l'œil du peintre était traditionnellement
conçu comme une chambre noire enregistrant mécanique-
ment un modèle extérieur, ce qui fournit une autre clé sur
la nature de ce système de représentation, qui est par essence
spéculaire. La présence d'un miroir à l'intérieur d'une peinture pourra alors manifester la perspective comme code,
comme dispositif régulateur, mais elle risque aussi d'apparaître comme une transgression relative dans la mesure où
ce miroir donne naissance à des jeux de perspectives nouveaux, manifeste ce qui est caché, produit des phénomènes
d'anamorphose qui déforment la vision, ou constitue une
mise en abîme du sujet. Une multiplication des miroirs pro-
voquerait un brouillage de la représentation en multipliant
les points de fuite, les perspectives, en ôtant aux objets leur
unicité et leurs limites. Les principes de mise en ordre des
objets sont alors subvertis par l'anamorphose, la disconti-
nuité qui brise la perception d'objets finis, la multiplicité et
l'ouverture qui perturbent le caractère clos de la représentation.

L'œuvre d'Escher a été élaborée à partir de ces problèmes

de représentation liés à la structure de l'espace [50]. Puisque dessiner, c'est par nature tricher, Escher recourt à toutes les techniques mathématiques possibles pour critiquer les lois de la perspective, démonter nos habitudes de perception, créer des mondes nouveaux, aussi logiques qu'impossibles. Ses recherches manifestent quelques obsessions fondamentales : celle de la représentation de l'infini, des relations conflictuelles entre la surface plane et l'espace à trois dimensions, des propriétés génératrices des oppositions entre motifs noirs et blancs, qui donnent lieu à toutes sortes d'animations et de métamorphoses des figures ; celle enfin des reflets qui tendent à se confondre avec leurs objets.

L'exercice de base consiste à saturer un plan de motifs qui se reproduisent à l'infini par des procédés de translation, de rotation, ou de réflexion. À partir de là, interviennent de multiples techniques qui compliquent les pavages, les animent, créent un relief, une profondeur, des illusions d'optique, des métamorphoses, des évolutions cycliques, et qui aboutissent à toutes sortes d'effets fantastiques. Ainsi tel disque se mue en sphère parce que le motif de base présente une taille dégressive à partir du centre (nos 237—239 et 246-247) ; des reptiles s'échappent la nuit de leur feuille de papier, effectuent un circuit sur les divers objets d'un bureau, avant de reprendre leur place dans le pavage bidimensionnel (no 120) ; ou cet univers aquatique de poissons blancs se métamorphose en celui, aérien, des canards noirs nés des creux de la représentation (no 106).

Le fantastique provient aussi de la multiplicité des points de vue avec lesquels joue le dessin. Points de vue géométriques, lorsqu'une même figure est construite à partir de plusieurs points de fuite différents, lorsque le nadir se confond avec le zénith, d'où naissent autant de perspectives contradictoires ; ou encore lorsque les lois de la représentation plane sont contrariées par les conventions de la perspective créant un espace à trois dimensions. Mais aussi, à ces points de vue qui régissent la représentation de la réalité sensible, s'ajoutent d'autres points de vue, subjectifs, qui jouent avec les formes au gré des obsessions fantasmatiques de l'artiste, principe des métamorphoses, créant une cohérence de l'imaginaire et de l'absurde, jouant avec la multiplicité des apparences de l'univers. L'objectif et le subjectif interfèrent pour faire naître des entités spécifiques, où les éléments s'entrelacent et se mêlent au point d'être souvent indissociables.

Deux gravures permettront de donner une idée de la parenté des préoccupations qui ont animé, à la même époque, les recherches d'Escher et de Robbe-Grillet, sans qu'il y ait eu la moindre influence de l'un sur l'autre. Parmi les variations exécutées à partir des rubans de Mœbius, figure ce *Ruban de Möbius II* (1963) où neuf fourmis semblables et différentes à la fois parcourent à l'infini la surface unique d'un ruban en forme de huit [**fig. 9**]. Ainsi pourrait-on figurer le parcours du *Voyeur*, construisant un itinéraire romanesque à partir de la répétition de motifs qui se déforment au gré de la perspective, autour d'un vide central saturé dans la représentation par les lignes qui se croisent à l'étranglement, appartenant aux « personnages » comme au support spatial.

Le caractère dynamique des transformations sera plus sensible dans *Métamorphose II* (1939-1940) qui construit toute une « histoire » cyclique produite par la conversion progressive des motifs, oscillant de formes abstraites en formes concrètes et figuratives [**fig. 10**]. Au départ, un mot-thème programmateur surgit, devenant peu à peu générateur graphique par un système de croisements produisant un pavage de carrés blancs et noirs (pouvant évoquer le carrelage des chambres du *Voyeur*, pp. 67, 77-8...). Ceux-ci s'animent, don-

Fig. 10
M. C. ESCHER
Métamorphose II
(Cliché
Haags Gemeentemuseum
La Haye)

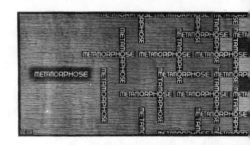

nent naissance à des reptiles — projections d'un fantasme ?
— bientôt réduits par l'imposition d'un nouvel ordre géométrique. Nous serions tenté d'y voir une figure de l'alternance
des séquences du « voyeur » et de celles du « voyageur » qui
réprime ses fantasmes par un quadrillage systématique de
l'espace et du temps. Cependant les hexagones sont à leur

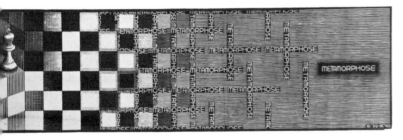

tour générateurs d'une nouvelle forme de vie en se transfor-
mant en alvéoles d'une ruche d'où s'échappent des abeilles.
Le surgissement de cet espace à trois dimensions est à son
tour réduit en une frise à deux dimensions où les insectes
inscrivent dans leurs creux des poissons, qui cèdent progressivement la place à des oiseaux. Mais l'envol des oiseaux

noirs, blancs et gris se fige en jeu de cubes dont la disposition figure bientôt une ville portuaire étagée au bord de l'eau. Au moment où triomphe la représentation « réaliste », en perspective, la tour du phare se mue en pièce d'un jeu d'échecs, et l'échiquier perd lui-même son relief, ses lignes de fuite, ses pièces, pour reproduire le carrelage plat, blanc et noir, et l'entrelacs du mot *métamorphose* qui avait donné naissance au parcours imaginaire. Celui-ci se boucle donc par un retour aux deux motifs générateurs — quadrillage graphique et stimulus notionnel, signifiant et signifié —, selon un procédé d'effacement progressif. Mais en même temps on peut imaginer cette bande disposée en ruban de Mœbius, répétant indéfiniment ses métamorphoses.

3. Modalités de la construction et de la représentation chez Robbe-Grillet

L'illusion de la représentation et de l'expression est aussi ancienne que les théories de la littérature, condensée dans le fameux mot d'Horace : « *ut pictura poesis* », la poésie est comme une peinture. Mais comme tant de peintres du XXᵉ siècle, comme Escher qui construit ses dessins à partir d'une réflexion sur les matériaux et les techniques, Robbe-Grillet joue délibérément avec les conventions de la représentation pour mieux faire éclater cette illusion d'un sens univoque qui renverrait à une réalité extérieure à l'œuvre. Comme les estampes d'Escher, ses romans sont d'abord une production cérébrale, intellectuelle, qui oscille entre les modalités d'une représentation hyperréaliste, qui tend à dissoudre l'objet qu'elle est censée construire, et l'épure d'une construction abstraite qui tend à utiliser les motifs et les mots comme purs matériaux qui n'acquièrent qu'un sens aléatoire dans les multiples jeux de leurs combinaisons. C'est dire que le texte résiste à toute tentative de réduction à une histoire, à tout résumé d'une aventure, mais aussi à tout essai de transcription visuelle, à toute représentation « réaliste », de ses données.

Et cependant cet univers autonome qu'est un roman de Robbe-Grillet produit du sens, tend au lecteur un miroir magique qui stimule son imaginaire et lui permet de se raconter toutes sortes d'histoires. C'est que son univers, structuralement très construit, qui multiplie les perspectives et les points aveugles, est animé de figures étranges, de toutes sortes de monstres nés de l'inconscient, produits à la fois par association à des motifs abstraits et par la récurrence d'images-thèmes originelles. Ainsi se crée un monde personnel de l'artiste, qui n'est réductible à aucune histoire fixée ni à aucune réalité extérieure, mais qui est doué cependant d'un étrange pouvoir de fascination sur le lecteur. Plutôt que de parler d'un nouveau réalisme, nous pourrions parler d'un nouveau « surréalisme ».

une marqueterie sous tension

Le Voyeur se présente d'abord comme l'assemblage de blocs, de motifs juxtaposés, de séquences hétérogènes qui prennent sens par la dynamique scripturale et des tensions qui créent leur dramatisation.

Comme les estampes d'Escher, l'ouvrage est animé de deux mouvements contradictoires. D'une part, une tendance à la répétition périodique, à la reproduction à l'infini qui vise à composer un pavage simple, plat, symbolisé par le pavage de différentes pièces. D'autre part, un jeu de transformations et de métamorphoses qui ouvre les abîmes du texte et creuse son espace humain. Car la volonté de mise à plat d'un univers réduit à l'objectif est constamment contrariée par l'ouverture d'un espace intérieur, subjectif, qui brouille toute perception claire, et qui nous fait passer de la lumière du jour à l'ombre des fantasmes, avec ses monstres symbolisés par exemple par les crabes et les algues.

Ainsi la géométrie du port, construite avec application selon les principes d'une perspective classique, avec l'alternance de plans clairs et obscurs, bascule sur la mention des triangles : il se produit alors un brouillage de la vision, et le repérage visuel fait place à l'expression métaphorique, fantasmatique :

> Vers le bout de la jetée, la construction se complique [...]. C'est ce dernier rectangle, incliné et vu de biais, qui attire les regards ; coupé en diagonale par l'ombre de la paroi qu'il longe, il présente de façon satisfaisante pour l'œil un triangle sombre et un triangle clair.
> Tous les autres plans sont brouillés. [...] Chaussée et parapet sont du reste encombrés de filets qui sèchent, de caisses vides et de grands paniers en osier — casiers à homards et à langoustes, bourriches à huîtres, pièges à crabes. [...]
> Le soleil du matin, légèrement voilé comme à l'ordinaire, marquait à peine les ombres — suffisamment malgré tout pour diviser la pente en deux parties symétriques, l'une plus sombre, l'autre plus claire, pointant un bec aigu vers le bas de la descente, où l'eau montait en biseau et clapotait entre les algues.   (13-4)

À la jointure des deux univers, celui du soleil et celui de l'ombre, du dehors et du dedans, le motif du triangle qui se métamorphose en bec joue le rôle de révélateur d'une conscience qui confère aux objets une dimension potentiellement métaphorique. Le regard devient filet, les caisses et les paniers vides vont se charger de crabes et d'algues. Le seul mouvement est celui de la mer, de la marée et des vagues qui symbolisent la dynamique ondulatoire du texte. C'est lui qui va découvrir à intervalles réguliers « *de grosses touffes d'algues* » (15) qui gisent dans l'inconscient du spectateur. Et le fantasme obsédant se dévoile alors dans cette vision : « [...] *deux masses liquides, arrivant à la rencontre l'une de l'autre, se heurtaient avec un bruit de gifle et quelques gouttes d'écume giclaient un peu plus haut contre la paroi.* » Cette phrase qui reviendra périodiquement, image de l'agression sadique et de l'éjaculation symbolique provoquée par le mouvement masturbatoire du texte, désigne le lieu où se rencontrent et se croisent tous les plans : monde lumineux du dessus de l'eau et monde trouble sous-marin, vision objective et vision subjective, présent et virtuel, objet du récit et mouvement de l'écriture.

Avant ce passage, le quai déroule ses rubans clairs, parallèles, « *à l'exception d'une étroite bande obscure* » (13), tandis que, à sa suite, nous nous trouvons en présence de « *masses de rubans emmêlés* » (15) d'algues découvertes par la marée basse. Nous sommes passés de l'autre côté du ruban de Mœbius textuel : la volonté d'étaler à plat le spectacle du monde a été mise en échec par le mouvement métaphorique de l'écriture qui a poursuivi son parcours avec la boucle nocturne, enfouie sous les eaux comme dans l'intériorité du sujet du regard. Aussi n'est-ce pas un hasard si, aussitôt après, « *Mathias finit par arrêter son choix sur un signe en forme de huit, gravé avec assez de précision pour qu'il pût servir de repère.* » (16). Ce signe, situé exactement au niveau de la mer, délimitera les séquences qui basculent de l'objectif au subjectif, comme l'avait fait la cordelette dans la première page du roman.

Ainsi s'effectue sans cesse le passage d'un espace plat, à deux dimensions, à un espace creusé par la subjectivité du sujet regardant. Il en va de même pour la dimension temporelle : les tentatives de réduction du temps à une plate chronologie sont immédiatement contrariées et brouillées par l'intervention d'un temps humain, avec sa durée propre, ses jeux de la mémoire, de la spéculation, de la reconstitution d'un temps accordé avec un présent qui fait vaciller toutes les perspectives. Chaque point du texte construit sa propre perspective, reprenant les mêmes matériaux, mais les faisant bouger selon un point de vue toujours différent.

Au carrefour de l'espace et du temps, un certain nombre d'images génératrices se reproduisent, lancinantes : vagues, mouettes, jeune filles ou femmes, ficelles, montres, mallette... Mais loin de constituer un pavage plat, elles sont l'objet d'une transformation qui les modifie, les informe différemment, et ce sont précisément ces transformations qui constituent l'histoire, comme nous l'avons vu par l'exemple de la mouette.

Soulignons encore que l'ensemble des motifs autour desquels se tisse le texte est pris entre deux autres mouvements concurrents et opposés qui leur confère leur dynamique. D'une part, une tendance au passage à la limite, à l'infini, à l'annulation des motifs, symbolisée par les différentes figures des cassinoïdes et par le cercle. D'autre part, leur inscription dans un espace clos, représenté par les figures récurrentes du triangle et du carré, limites sécurisantes, circonscrites dans un cercle. À l'intérieur de l'île, toutes les maisons se ressemblent, avec leur plan carré, leurs pièces carrées, leurs fenêtres carrées, tandis que le triangle constitue un repère constant entre la lumière ambiante et l'ombre des fantasmes (13-4, 43—5, 50 etc. 255). De même que Mathias se raccroche à son métier de voyageur de commerce pour lutter contre sa folie, de même l'écriture se fixe à des figures finies pour éviter une déperdition qui menace sans cesse.

Le monde du *Voyeur*, ce qui s'y donne comme « réel », est englouti par un regard. Tout, dans le texte, est donc miroir. Non pas ce « miroir qu'on promène le long d'un chemin », selon la formule de Stendhal, mais miroitement indéfini, éclaté. Comme il n'y a pas d'objet primaire, pas de vision réellement référentielle, tout est ou peut être miroir de tout, emporté par le démon de l'analogie.

Autour de la scène centrale absente, produites par ce paradigme, prolifèrent les figures de jeunes filles et de femmes qui se répètent l'une l'autre, renvoient l'une à l'autre comme autant de doubles altérés, compromis entre la vision du *même* du voyeur et celle de l'*autre* du voyageur. Depuis la fillette du bateau aux yeux trop ouverts jusqu'à l'énigmatique jeune fille immobilisée auprès de ses moutons, dont l'image est appelée par la vision de la serveuse du café, en passant par la jeune femme du quartier Saint-Jacques, la statue de la place, la fille en chemise de l'affiche, la femme en robe noire, les différentes serveuses peureuses et frêles, la petite fille à genoux du tableau, le mannequin de l'étalage, la victime du journal, la photo de Jacqueline Leduc, Violette, la compagne de Jean Robin, et les différentes apparitions fantasmatiques, toutes ces figures féminines dessinent en abîme une même victime potentielle d'un crime sadique absent. L'ordre métonymique du récit est donc d'emblée miné par une chaîne de nature métaphorique qui joue un rôle antithétique, brisant l'unité de la fable tout en unissant les fragments dispersés. Comme le dit justement Gérard Genette, Robbe-Grillet « *étale horizontalement, dans la continuité spatio-temporelle, la relation verticale qui unit les diverses variantes d'un thème, il dispose en série les termes d'un choix il transpose une* concurrence *en* concaténation, *comme un aphasique qui déclinerait un nom, ou conjuguerait un verbe, en croyant construire une phrase* » [51].

Ce miroitement fou, qui constitue un vertige d'anamorphoses, disséminant les composantes de la scène centrale à tous les points du texte, ne se limite pas à ces figures féminines : de proche en proche, tous les motifs sont contaminés par la même obsession et acquièrent une valeur de symbole : les poupées du fond de la valise, le cadavre de la grenouille, le mouvement des vagues, les mouettes, etc. Peu à peu, chaque vision est investie par la scène de l'agression, témoigne par son écriture de sa présence dans l'absence.

L'écriture elle-même produit les miroirs de sa propre constitution, depuis le dessin de la mouette, le fragment de journal, le tableau, la photographie, le calendrier, les affiches, jusqu'au mouvement de la mer qui oscille au gré de ses marées, et celui, ondulatoire, masturbatoire de ses vagues. La bouée finale, qui surnage et échappe à l'effacement du flot de la haute mer, figure le livre constitué avant qu'il ne se referme. En définitive, le voyeurisme est d'abord celui d'une écriture qui se mire dans ses fantasmes et qui se joue de ses reflets. Tout est déjà inscrit, représenté, mais rien n'est dit, et l'écriture multiplie ses clichés pour cerner le mécanisme complexe de sa propre élaboration.

L'affiche du panneau-réclame, le tableau de la chambre, la photographie de Violette ou l'image du calendrier des postes proposent une représentation figée de la scène centrale, même si le regard construit un fragment d'histoire à partir de ces instantanés. Un unique miroir va permettre à la scène de s'animer, miroir qui assume une triple fonction. Il se trouve d'abord placé au centre d'une scène purement subjective, fantasmatique, vécue au présent, dans la nuit du rêve éveillé que fait Mathias au bord de la mer. La personne du sujet regardant se dévoile donc dans un processus d'inversion par rapport aux normes de la narration traditionnelle, puisqu'elle s'affirme dans un creux de l'action, en opposition au « *faux-plein qui parle à sa place (et qui emploie le passé défini parce que, justement, il porte le masque de la vérité)* » [52]. En outre cette scène au miroir s'inscrit dans une structure textuelle en forme de huit, ou plutôt de ruban de Mœbius, ce qui lui confère une seconde fonction. La première boucle est constituée de réflexions sur la coupure de journal, négatif de notre scène, présentation vague de faits qu'« *il fallait réinventer* » (75-6). Le fantasme sera donc reconstitution, réécriture, positif de ce négatif. À l'étranglement de notre boucle et encadrant ce double motif, le mouvement détermine les moments de bascule de la scène, image du mouvement immobile de l'écriture, de la répétition, avec cependant la progression du « *bruit de gifle* » (75) jusqu'à la « *gerbe d'écume qui jaillit* » (78) : de l'un à l'autre, la boucle virtuelle a obligé le réel à dire le sadisme, la charge d'agression sexuelle que Mathias porte en lui. Le passage de la boucle diurne, écrite aux temps du passé (imparfait et passé simple), à la boucle nocturne (au présent) s'opère par un processus d'aveuglement du personnage, castrateur, provoqué par « *l'éclat du jour* » (76) sur l'« *étroit "chemin de douaniers"* », qui appelle immédiatement « *l'étroit vestibule* » de la vision (77). Notre contrebandier du sexe se trouve donc bloqué devant le vagin de la petite fille dont l'évocation joue un rôle castrateur, le réduisant au rôle de voyeur. La scène au miroir qui s'enclenche alors jouera sur cette double réversibilité du voyeurisme : spectateur/acteur, narrateur/personnage.

Le cadre de cette scène est fixé par les différentes visions qui se sont succédé depuis le matin : celle du quartier Saint-Jacques, du panneau-réclame, et de la chambre au-dessus du café. Nous assistons à une tentative de représentation synthétique, globale, mais cette construction va être tronquée par la position du regard qui demeure à l'extérieur de la « scène ». La vision directe ne livre que la fille, « *assise au bord du lit défait* » (77), scène « *inanimée et silencieuse* ». C'est alors que le miroir fait apparaître l'homme « *dans la partie gauche de la pièce* », double actif du sujet regardant. Mais ce miroir masque autant qu'il révèle : la scission du sujet voyeur est marquée par l'indétermination de l'objet regardé par l'homme. À partir de là, la scène va s'animer, mais en accentuant la distance entre Mathias et les protagonistes, passés « *dans le champ de la glace ovale* », symbole de la féminité qui s'offre. Ce qui se rejoue, c'est bien ce « stade du miroir » tel qu'il a été défini par Jacques Lacan : Mathias, comme l'enfant impuissant, anticipe la possession par l'image. Grâce à la barrière de la glace, qui instaure une distance protectrice, « comme si » la scène se déroulait « *à travers des étendues de sable et d'eau stagnante* » (78), la lente prise de possession de la fille par l'homme peut se dérouler, comme au ralenti, butant cependant sur le mot *poupée* qui ramène au voyageur et à sa mallette. Mais cette rupture n'empêche pas l'aveu du viol, qui se dit alors par le « *bruit de gifle* » et « *la gerbe d'écume* ». L'éjaculation symbolique a lieu, viol mou, solitaire, délégué, par procuration, à la vision. C'est que le corps morcelé au stade du miroir, disséminé dans l'écriture éclatée de tout le roman, a triomphé provisoirement de sa fragmentation par cette vision, a abouti à la constitution d'un moi écrit qui s'affirme indirectement par la violence de la mer.

Mathias est donc resté fixé à la phase du miroir, de l'imaginaire, qui le voue à la tension agressive cristallisée sur cette scène sadique. La mobilité de la vision, comme de toutes les autres visions, est un leurre, dans la mesure où la scène résulte d'une pure animation de ce qui s'est trouvé fixé une fois pour toutes dans le regard et qui se projette sur les multiples images qui parsèment le roman. Et toute l'histoire du livre est également un leurre, se réduisant à un palais de glaces déformantes qui mirent une scène centrale, originelle, absente. Mais en même temps cette scène confère au lecteur son véritable statut : c'est lui qui est désigné comme l'ultime voyeur, sa lecture ne pouvant que jouer avec tous les mécanismes de projection et d'identification.

temps

Les transformations qu'Escher produit graphiquement dans l'espace s'élaborent, dans l'écriture de Robbe-Grillet, selon un processus temporel.

Les effets d'histoire du *Voyeur* se déroulent à la faveur d'une contradiction fondamentale dans le traitement du temps. La durée de l'évolution du personnage sur l'île est en effet contrecarrée par l'immobilité répétitive d'une même scène dont la reprise agresse la continuité narrative. La tension de l'œuvre provient de ce conflit qui tend à immobiliser tout mouvement autour d'images chargées d'une violence latente. Toute vision diachronique est immanquablement ramenée à la scène originelle.

Reprenons l'incipit du roman pour examiner quelques traits d'écriture auxquels ce phénomène donne lieu. Tout d'abord, de la première à la dernière phrase, la même répétition indéfinie caractérise l'apparition des motifs :

C'était comme si personne n'avait entendu.
La sirène émit un SECOND sifflement [...]
Le voyageur pensa, DE NOUVEAU, que dans trois heures il serait arrivé à terre.   (9, 255)

Le premier regard du voyageur se porte sur une cordelette :

Un instant il lui sembla la RECONNAÎTRE, comme un objet qu'il aurait lui-même PERDU très longtemps auparavant. Une cordelette TOUTE SEMBLABLE avait dû DÉJÀ occuper une place importante dans ses pensées. (10)

Toute la suite de l'itinéraire, des visions, s'inscrira dans un même retour à un passé subjectif qui informe le présent. Rien n'existe qui ne soit retrouvé, et c'est ce mouvement qui confère aux objets, apparemment insignifiants, un sens potentiel. Le discours du texte, qui se présente comme un relevé objectif des phénomènes, est en réalité semblable à la parole qui s'élève du divan du psychanalyste : il ne fait que constituer l'archéologie d'une subjectivité imaginaire.

Avant même que le personnage de Mathias ne soit introduit, c'est l'écriture qui prend en charge le processus d'immobilisation de la scène initiale, de « réification » selon le concept de Lucien Goldmann repris de Lukács [43]. Tandis que la sirène est le premier actant, signal « *d'une violence à crever les tympans* » (9), les passagers du bateau semblent pétrifiés, forment un tableau construit géométriquement, sont pris dans un instantané. Et pourtant ils sont le siège d'une tension, tout entière concentrée dans leurs « *regards immobiles et parallèles* ». Mais cette tension, au lieu de se développer dans un mouvement, est affectée d'un curieux processus de régression qui tend à l'immobilisation de tout mouvement : « *Une série de regards [...] franchissaient — tentaient de franchir — luttaient contre cet espace déclinant qui les séparait encore de leur but.* » Une semblable déconstruction du « réalisme » s'exprime aussitôt après par l'inversion de l'expression attendue : le panache de vapeur est « *aussitôt apparu qu'évanoui* », c'est-à-dire que son évanouissement précéderait son apparition. Ainsi les énoncés tendent d'emblée vers l'annulation de leur sens. Seule demeure l'expression de la violence et de la tension, violence et tension anonymes qui vont affecter tous les matériaux romanesques subséquents. Tout le temps incroyablement long de l'accostage du bateau sera marqué par le même phénomène de mouvement imperceptible qui tend vers l'immobilité.

Le temps semble cependant s'ouvrir par l'« histoire » de la collection de ficelles. Mais là encore, il s'agit d'un faux-semblant, déconstruit par l'équivalence entre un futur hypothétique et un passé révolu. Une collection est par nature impropre à toute utilisation, mais déjà l'enfant « *rejetait aussi les fragments trop courts pour pouvoir jamais servir à quoi que ce soit d'intéressant* » (10). De même la pelote actuelle renvoie de façon équivalente à « une utilisation future » ou bien à « une collection ». L'énigme est donc totale, comme elle le restera corrélativement pour le crime central. Le temps n'est plus une matière homogène et orientée dans laquelle s'inscrit une succession d'actions, c'est un temps suspendu, troué, un temps où le possible reste aléatoire et ne peut prendre la forme que d'un passé inavouable et inexprimable.

Tout le texte se déroulera selon ce mouvement de va-et-vient, négateur du temps comme de l'espace, à la manière des sinusoïdes dessinées par les vagues ou selon le parcours de la ficelle pelotonnée en forme de huit. La temporalité se developpe selon un constant mouvement d'anticipations et de rétrospections, de délires et de rêves, de visions qui brouillent la continuité temporelle chronologique. Le récit feint d'avancer, puis se bloque, se défait, nie la continuité temporelle au profit du possible. L'utilisation des temps grammaticaux participe grandement à ce brouillage. Il n'y a pas de véritable présent référentiel, mais un phénomène de simultanéité, d'équivalence des courants de conscience. Ainsi le passé simple sert aussi bien à construire le présent du récit — « *La sirène émit un second sifflement* » (9) — que le souvenir récent — « *Mathias crut entendre une plainte* » (28) — ou le futur anticipé par l'imaginaire — « *il frappa de sa bague contre le panneau* » (36) —. L'imparfait ouvre le spectacle intérieur d'un passé lointain — « *il possédait une grande boîte en carton* » (9) —, mais il caractérise aussi bien le présent immobilisé — « *toutes les têtes étaient dressées* » — ou le discours indirect libre — « *toute sa famille habitait encore là-bas* » (32) —. Quant au présent, outre sa valeur descriptive — « *Les deux surfaces verticales sont dans l'ombre* » (13) —, il sert à actualiser les souvenirs — « *Il est assis, face à la fenêtre* » (21) — ou les fantasmes — « *Mathias, en passant, frappe au carreau* » (35) —.

On ne peut donc identifier les différentes séquences qu'en étudiant les relations qui les unissent, et d'abord les éléments de transit. Car les ruptures ne s'opèrent jamais au hasard. Elles sont la plupart du temps soulignées par une phrase ou un mot qui jouent un rôle générateur. Ainsi la formule « *on lui avait souvent raconté cette histoire* » sera répétée à cinq reprises (9, 18, 145, 163, 230), liant entre elles les séquences de la collection de ficelles, du souvenir du dessin et celui de la mort de la mère. C'est par leur mise en relation que l'énigme du passé, l'origine de la psychose, peut partiellement se dévoiler. Mathias a perdu sa mère au cours de sa première enfance, lors de la période de transition entre l'imaginaire du nourrisson et le processus de structuration du rapport entre l'individu et son environnement. L'enfant, en proie à l'illusion propre à son âge, a alors investi de la présence maternelle un certain nombre d'objets situés à mi-chemin entre l'imaginaire et le réel, et d'abord la poupée et la ficelle, qui jouent le rôle d'« objets transitionnels », selon la terminologie de Winnicott. La fixation sur ces objets fétiches a bloqué le développement de sa personnalité, et il en est résulté un clivage fondamental de son moi, partagé entre une vie intérieure secrète et un « *faux self édifié à partir d'une soumission fondamentale* » à l'environnement [53]. À partir de là, le blocage affectif sera compensé par la collection de ficelles et par les poupées qui ornent la doublure de la valise, et ces motifs seront eux-mêmes mis en rapport avec un spectacle de torture sexuelle qui s'est produit vraisemblablement lors du dessin de la mouette. De là vient que, dans le roman, les thèmes de la ficelle, de la poupée et de la mouette serviront d'éléments transitaires privilégiés entre un spectacle présent et l'imaginaire qu'il suscite.

Tout se passe donc comme si le présent n'avait pour fonction que de réactiver un passé enfoui. C'est pourquoi les séquences sont le plus souvent liées par l'analogie, ou association de pensées, chacune d'elles déclinant un ou plusieurs éléments paradigmatiques de la scène passée, non dite, ce qui confère à l'ensemble du livre sa structure répétitive et en miroir :

La sirène émit un second sifflement, aigu et prolongé [...].   (9)
Il vit que ses ongles étaient trop longs [...].   (11)
« Il est à l'heure, aujourd'hui »   (12)
[...] il vit l'ongle long et pointu de son doigt. [...]   (253)
« Il est à l'heure, aujourd'hui » [...]. La sirène émit un dernier sifflement, aigu et prolongé.   (254)

Restent bien sûr, entre l'arrivée et le départ, les ruses de la diachronie, de l'emploi du temps et de son trou qu'aucune reconstruction ne parvient à combler. Là encore, la déconstruction règne en maître puisque les faits ne sont jamais assurés et font l'objet d'un gommage constant. Le récit progresse par blocs récurrents dans la différence, n'avance qu'en revenant inlassablement sur un même point de son histoire.

Le temps n'est donc plus un principe de construction d'une histoire, puisqu'il se trouve bloqué autour d'une contradiction qui empêche toute progression véritable : d'une part, une série de faits tendent à baliser l'itinéraire d'un voyageur de commerce, d'autre part se produit la disparition d'une jeune fille. Les deux séries narratives hétérogènes se développent simultanément, sans que jamais leur relation soit certaine : entre les deux, règne une zone floue indécidable, un « *temps anormal, en trop, suspect, inexplicable, [qui] atteignait quarante minutes — sinon cinquante* » (203). En outre, comme nous l'avons vu, la progression temporelle est contrariée par une double série narrative qui anticipe sur le crime ou le situe dans un passé à reconstruire. Aussi l'itinéraire du voyageur dans la première partie de l'ouvrage n'est-il porteur d'aucun avenir, coupé par toutes sortes de mises en abîme qui relèvent d'une temporalité antérieure : vision de la rue Saint-Jacques, affiche de cinéma, journal de la veille, cliché de Jacqueline pris l'été précédent. Après le trou du récit, l'essentiel du programme de Mathias consiste à soustraire l'événement en trop du récit, et à partir de là le texte fonctionne selon des procédés d'*analepse* et de *prolepse* dont la discordance est source d'*anachronie* [54]. Par exemple au cours du déjeuner chez Jean Robin, après avoir raconté à ses hôtes l'emploi du temps de sa matinée, puis le déjeuner actuel, Mathias poursuit son récit en anticipant sur l'après-midi, présenté au plus-que-parfait (148-9). Le récit principal se monnaye donc en multiples contre-récits, et son intérêt provient de la manière dont les séries narratives se croisent, de façon toujours oblique, transverse, à l'image du ruban de Mœbius qui nous fait insensiblement passer de l'envers à l'endroit.

D'où le rôle générateur des motifs qui servent d'oscillateurs sériels entre les éléments du réel et ceux de l'imaginaire.

Objets en trop, ils sont toujours en même temps l'indice d'un manque. Ainsi la ficelle, qui n'existe d'emblée que retrouvée, parcourt toutes les séries : objet en trop dans la valise de Mathias où elle remplace l'agenda, porteur d'un temps chronologique (39-40), elle disparaît mystérieusement de la poche de sa canadienne :

> Il mit sa main droite, libre, dans la poche de la canadienne. Elle y rencontra la fine cordelette roulée en forme de huit — une belle pièce pour sa collection. [...] Avait également disparu, dans la poche de sa canadienne, la fine cordelette ramassée le matin même. (163)

De façon non moins énigmatique, elle est passée, « *tachée de cambouis* » (217), entre les mains de Julien Marek, et ne sera évoquée que soustraite au tiroir vide de la commode (235). Or cette ficelle, présente négativement lors de la scène du dessin « *où nulle ficelle ne tenait de rôle visible* » (11), et dans le fantasme au bord de la mer, les poignets de la fille étant croisés dans le dos sans que nulle ficelle ne soit mentionnée (78), se retrouve dans la vision finale : « *La cordelette avait marqué profondément les deux poignets de traces rouges. Elle n'était pas très serrée pourtant.* » (245). Au passage, « *la collection de ficelles et de cordelettes* » (174), dont l'évocation avait déjà présidé à la disparition de la cordelette (163), sert d'élément transitaire entre la présentation de la chambre de Mathias et la découverte du corps mutilé de Jacqueline (174), et entre l'évocation de la mort de sa mère et l'ultime apparition de Violette apeurée au pied du lit (230). Elle est donc bien le lieu privilégié de la torsion entre les différentes séries constitutives de l'histoire, alors même que son parcours échappe à toute histoire. La ficelle est et n'est pas. C'est pourquoi elle est roulée en forme de huit, image du ruban de Mœbius qui se retourne sur lui-même. Le temps,

77

et tous les éléments qui s'y inscrivent, sont traités selon un principe de symétrie inverse. Le discours de Mathias devient réversible. Ses paroles sont reprises par d'autres : garagiste, patron du café, Julien Marek, l'amie de Robin, selon le modèle du message inversé : « *Eh ho !* » / « *Ohé !* » (162).

Les récits ont donc une pure valeur d'échange. Ils se neutralisent, puis, à la fin, tout indice d'une histoire est englouti, effacé. En définitive, le seul temps générateur d'histoire est celui de l'écriture, ou de la lecture, figuré par le mouvement sinusoïdal de l'eau, faisant apparaître au passage « *de nombreux signes gris et jaunes, auparavant invisibles* » (254), modulant ses reliefs et ses ombres, « *comme si les choses avaient été figurées là en trompe-l'œil* ».

NOTES

1. Voir le tract anonyme composé par les Éditions de Minuit : *La Querelle du Voyeur*, 8 p., sans lieu ni date.

2. La compagne de Robin s'écrie : « *Qu'est-ce que vous cherchez ici ? Vous savez bien que c'est lui qui l'a tuée !* » (180) ; et la vieille Madame Marek se lamente : « *... un assassin... assassin... il croit que son fils est un assassin...* » (194).

3. André GIDE, *Romans, récits et soties, œuvres lyriques* (Paris, Gallimard, Coll. « Bibl. de la Pléiade », 1964), p. 3.

4. Sigmund FREUD, *Essais de Psychanalyse* (Paris, Payot, Coll. « Petite Bibliothèque Payot », 1973), pp. 22 et 27.

5. A. ROBBE-GRILLET, « Du réalisme à la réalité », p. 175 in *Pour un Nouveau Roman* (Paris, Gallimard, Coll. « Idées », 1963).

6. Mircea ELIADE, *Images et symboles* (Paris, Gallimard, Coll. « Tel », 1952), p. 23.

7. A. ROBBE-GRILLET, « Sur le choix des générateurs » in *Nouveau Roman : hier, aujourd'hui* (UGÉ, Coll. « 10/18 », 1972), t. II ; « Pratiques », pp. 171 et 167.

8. *Ibid.*, pp. 170 et 160.

9. D'après les déclarations de Robbe-Grillet au cours de sa conférence de Würzburg, le 13 décembre 1977.

10. *Grand Larousse encyclopédique*, t. 6, 1962, p. 675a.

11. Voir le retour obsédant dans *Le Voyeur* du chiffre 3 : traversée de trois heures, trois secondes, trois armoires, trois rivets, trois verres, trois mouettes, trois bouts de cigarettes, etc. La lettre epsilon, de son côté, qui sert en mathématiques à désigner des quantités positives très petites que l'on fait tendre vers zéro, peut figurer dans notre texte les passages à la limite et les procédures d'annulation. Quant à la lettre S, nous la retrouvons aussi bien dans les sinusoïdes de la mairie (générées par le décalage d'une demi-période d'un S) (50), dans la figure de la route « *qui décrivit une sorte d'S d'une extrémité à l'autre du pays* » (190), que dans l'allitération du signal sonore qui entame l'histoire : « *La sirène émit un second sifflement, aigu et prolongé, suivi de* TROIS *coups rapides* [...] » (9).

12. Après avoir affirmé l'autonomie des choses — « [...] *il les voit, mais il refuse de se les approprier, il refuse d'entretenir avec elles aucune entente louche, aucune connivence* » (« Nature, humanisme, tragédie », p. 59 in *Pour un Nouveau Roman, op. cit.*) — Robbe-Grillet a étendu la notion d'objet à toutes les constructions de ses livres, quels que puissent être leurs statuts par ailleurs : « *Si l'on prend objet au sens général (objet, dit le dictionnaire : tout ce qui affecte les sens), il est normal qu'il n'y ait que des objets dans mes livres : ce sont aussi bien, dans ma vie, les meubles de ma chambre, les paroles que j'entends, ou la femme que j'aime, un geste de cette femme, etc. Et, dans une acception plus large (objet, dit encore le dictionnaire : tout ce qui occupe l'esprit), seront encore objets le souvenir (par quoi je retourne aux objets passés), le projet (qui me transporte dans des objets futurs : si je décide d'aller me baigner, je vois déjà la mer et la plage, dans ma tête) et toute forme d'imagination* » (*Ibid.*, p. 147-8).

13. « *Faut-il chercher dans son œuvre une intention "réaliste", c'est-à-dire une volonté de décrire la réalité telle qu'elle est ou telle qu'elle apparaît, ou un*

propos "fantastique", c'est-à-dire extérieur à cette réalité, et relevant d'une fiction arbitraire ? », se demandait Gérard Genette à propos du *Voyeur* (« Vertige fixé », p. 72 in *Figures I* [Paris, Seuil, Coll. « Points », 1966]). Les premiers lecteurs du *Voyeur* ont eu tendance à réduire l'écriture à un nouveau réalisme du regard (voir *La Querelle du Voyeur, op. cit.*), tandis que Robbe-Grillet affirmait la « subjectivité totale » de ce regard : « *Même si l'on y trouve beaucoup d'objets, et décrits avec minutie, il y a toujours et d'abord le regard qui les voit, la pensée qui les revoit, la passion qui les déforme* » ; et surtout : « *Non seulement c'est un homme qui, dans mes romans par exemple, décrit toute chose, mais c'est le moins neutre, le moins impartial des hommes : engagé au contraire* toujours *dans une aventure passionnelle des plus obsédantes, au point de déformer souvent sa vision et de produire chez lui des imaginations proches du délire.* » *(Pour un Nouveau Roman, op. cit.*, pp. 147 et 149).

14. Peut-on voir dans cette « *excroissance rougeâtre* » le signe de la castration et de l'impuissance du voyeur ?

15. Cf. : « *Il fallait réinventer la scène d'un bout à l'autre à partir de deux ou trois détails élémentaires, comme l'âge ou la couleur des cheveux* » (76).

16. Voir le refus de la « tragédie » humaine dans l'article : « Nature, humanisme, tragédie », notamment : « *Et cette absence de signification, l'homme d'aujourd'hui (ou de demain...) ne l'éprouve plus comme un manque, ni comme un déchirement. Devant un tel vide, il ne ressent désormais nul vertige. Son cœur n'a plus besoin d'un gouffre où se loger.* [§] *Car, s'il refuse la communion, il refuse aussi la tragédie.* » *(Pour un Nouveau Roman, op. cit.*, p. 66).

17. Le triangle constitue une figure obsédante, non seulement du *Voyeur*, mais aussi de toute l'œuvre de Robbe-Grillet, et trouve son développement polysémique dans *Souvenirs du triangle d'or* (1978), d'abord intitulé *Propriétés secrètes du triangle*, où prolifèrent les fantasmes sexuels. À propos de ce roman, Robbe-Grillet a déclaré : « *Le triangle est une forme symbolique divine ; joint au nombre d'or, il permet de mettre en jeu une activité géométrique, mythologique et charnelle. On peut aussi penser au triangle des Bermudes,* [...], *au triangle de la drogue* [...], *mais surtout, d'une façon très nette, au pubis féminin. Dans mon roman, le Triangle d'Or pourrait être un temple religieux, ou bien le nom d'une maison de plaisir comparable à l'Opéra dans* Le Jeu *avec le feu, ou bien encore le nom d'une société secrète qui organise des chasses à courre d'un genre très spécial* » (« Robbe-Grillet commenté par lui-même », *Le Monde*, 22 sept. 1978, p. 22). Dans *Le Voyeur*, la place triangulaire au milieu de laquelle s'élève la statue d'une femme entourée d'une grille symbolise cette obsession du sexe féminin interdit, ce qui explique l'écart instinctif de Mathias pour « *éviter l'obstacle* » de « *l'ombre de la paysanne de pierre* » (44).

18. Nul doute qu'il faille voir dans le rapport que Robbe-Grillet entretient avec la symbolique de son nom une source du fantasme obsédant qui parcourt toute son œuvre : la poupée jetée dans le feu (*Le Jeu avec le feu*), le supplice infligé à la jeune fille par des brûlures de cigarettes (*Le Voyeur*), l'incendie qui embrase la voiture de Franck et A... (*La Jalousie*), etc.

19. Voir ses expressions « *entreprise de nettoyage* », « *langage aussi lavé* », « *distances* [...] *décrassées* » (*Pour un Nouveau Roman, op. cit.*, pp. 64, 70, 83), ou le motif des « gommes » et du gommage dans l'œuvre.

20. Cf. : « [...] *mes thèmes générateurs sont choisis de plus en plus* [...] *dans l'imagerie populaire contemporaine* [...] : *couvertures illustrées des romans*

qu'on vend dans les gares, affiches géantes, revues pornographiques des sex-shops, publicités vernies des magazines de mode, figures peintes à plat des bandes dessinées, autrement dit tout ce qui a remplacé ma prétendue profondeur, ce moi qui a été chassé de mon for intérieur et se trouve aujourd'hui placardé en pleine lumière dans les vitrines ou sur les murs mêmes de la cité. » (A. Robbe-Grillet, p. 161 in Nouveau Roman : hier, aujourd'hui, op. cit., t. 2).

21. Pour un Nouveau Roman, op. cit., p. 160.

22. Cf. : « Il m'est arrivé, comme à tout le monde, d'être victime un instant de l'illusion réaliste. À l'époque où j'écrivais Le Voyeur, par exemple, tandis que je m'acharnais à décrire avec précision le vol des mouettes et le mouvement des vagues, j'eus l'occasion de faire un bref voyage d'hiver sur la côte bretonne. En route je me disais : voici une bonne occasion d'observer les choses "sur le vif" et de me "rafraîchir la mémoire"... Mais, dès le premier oiseau de mer aperçu, je compris mon erreur : d'une part les mouettes que je voyais à présent n'avaient que des rapports confus avec celles que j'étais en train de décrire dans mon livre, et d'autre part cela m'était bien égal. Les seules mouettes qui m'importaient, à ce moment-là, étaient celles qui se trouvaient dans ma tête. Probablement venaient-elles aussi, d'une façon ou d'une autre, du monde extérieur, et peut-être de Bretagne ; mais elles s'étaient transformées, devenant en même temps comme plus réelles, parce qu'elles étaient maintenant imaginaires. » (Ibid., p. 175-6).

23. On sait que Robbe-Grillet a récusé l'utilisation de la métaphore, coupable d'instituer par ses rapports analogiques un « système métaphysique » (Ibid., pp. 59—61). Cette exception est d'autant plus significative du « rapport constant entre l'univers et l'être qui l'habite ». Il s'agit d'une projection au sens psychanalytique du terme. Sur l'utilisation plus générale de la métaphore dans Le Voyeur, voir J. Ricardou, « Inquiète métaphore », Problèmes du nouveau roman (Paris, Seuil, 1967), pp. 145—56.

24. Le jeu des noms et des signes dans Le Voyeur inscrit en creux une symbolique évangélique, centrée sur la passion du Christ. Jacqueline Leduc est le « bouc émissaire » des habitants de l'île, possédée du « démon », chassée vers le désert de la lande comme chez les anciens juifs. Mais l'Autre est aussi le Même, par la vertu du retournement mœbien : elle est aussi l'archétype de la victime exemplaire, de l'agneau pascal sacrifié, vers quoi convergent les jeunes filles de la légende, la statue de femme, et toutes les jeunes filles et les femmes de l'île. Son nom « Jacqueline » fait écho à la scène du « quartier Saint-Jacques », et c'est une sorte de pèlerinage qu'accomplit Mathias d'un île à l'autre, comme au Moyen Âge vers Saint-Jacques de Compostelle. Sa sœur aînée, Maria (la Vierge Marie), part à sa recherche pour la sauver. L'instrument du sacrifice est Mathias, celui qui a été tiré au sort par les apôtres pour succéder au traître Judas, responsable de l'arrestation de Jésus (Actes des Apôtres I, 21—26). L'un des doubles de Mathias est le présumé Jean (le disciple préféré du Christ), nommé Pierre (responsable du reniement) par la jeune femme qui l'accuse du meurtre. Enfin la victime apparaît sous forme de la grenouille, « bras en croix » (91), tandis que Mathias s'allonge, avant son expiation par le rêve, « jambes jointes et bras en croix » (229).

25. Le ruban de Mœbius est une figure formée par une bande de papier, A_1, A_2, B_2, B_1, dont les petits côtés, après torsion d'un demi-tour, sont collés bout à bout, de telle sorte que le point A_1 vienne sur le point B_2 et le point B_1 sur le point A_2. « Cette figure n'a ni envers ni endroit; elle n'a qu'une seule face : un mobile astreint à demeurer sur celle-ci parcourrait d'une seule traite cette surface dans sa totalité » (Grand Larousse encyclopédique, t. 7, 1963, p. 411c).

26. *Pour un Nouveau Roman*, *op. cit.*, p. 165-6. Dans son livre *Le Nouveau Roman* (Paris, Bordas, Coll. « Bordas-Connaissances », 1972), Françoise Baqué évoque la coïncidence du cycle temporel et du cycle spatial du *Voyeur*, et les « défauts » qui se produisent à l'étranglement (p. 102-3). Effectivement, en dépit des déclarations de Mathias, il demeure impossible de boucler de façon satisfaisante les différents circuits qu'il accomplit sur l'île, des contradictions surgissant au niveau du croisement central.

27. G. DE TERVARENT, *Attributs et Symboles dans l'art profane, 1450—1600*, cité par Michel CHARLES, *Rhétorique de la lecture* (Paris, Seuil, Coll. « Poétique », 1977), p. 15.

28. Voir Bruce MORRISSETTE, *Les Romans de Robbe-Grillet* (Paris, Éd. de Minuit, Coll. « Arguments », 1963), p. 104-5.

29. Jacques LACAN, *Écrits* (Paris, Seuil, Coll. « Le Champ freudien », 1966), p. 548.

30. En appendice à son livre, *Théorie et expérience romanesque chez Robbe-Grillet : « Le Voyeur » (1955)* (Paris, La Pensée universelle, 1975), Erwan Rault a présenté un dossier qui souligne les symptômes schizophréniques de Mathias : dissociation intrapsychique, inhibition avec blocage du cours de la pensée, négativisme, stéréotypies, rupture avec le monde extérieur, catatonie, hallucinations, etc. (pp. 117—20).

31. LACAN, *Écrits*, *op. cit.*, p. 549.

32. *Ibid.*, pp. 553-4 et 861.

33. LACAN, *Écrits I* (Paris, Seuil, Coll. « Points », 1966), p. 59.

34. *Ibid.*, p. 93.

35. « Le Clivage du sujet et son identification », *Scilicet*, n° 2/3, 1970, p. 103.

36. LACAN, *Écrits I*, *op. cit.*, p. 34.

37. Cf. J. LACAN : « *Cette répétition étant répétition symbolique, il s'y avère que l'ordre du symbole ne peut plus être conçu comme constitué par l'homme, mais comme le constituant* » (*Ibid.*, p. 58).

38. ROBBE-GRILLET, *Pour un Nouveau Roman*, *op. cit.*, p. 163.

39. Olga BERNAL, *Alain Robbe-Grillet : le roman de l'absence* (Paris, Gallimard, 1964).

40. J. Laplanche et J.-B. Pontalis définissent le clivage du Moi comme « *la coexistence, au sein du moi, de deux attitudes psychiques à l'endroit de la réalité extérieure en tant que celle-ci vient contrarier une exigence pulsionnelle : l'une tient compte de la réalité, l'autre dénie la réalité en cause et met à sa place une production du désir. Ces deux attitudes persistent côte à côte sans s'influencer réciproquement.* » (*Vocabulaire de la psychanalyse* [Paris, PUF, 1967, 5ᵉ éd.], p. 67).

41. *Scilicet*, n° 2/3, 1970, p. 106.

42. Voir HOMÈRE, *L'Odyssée* (Paris, Librairie Générale Française, Coll. « Prestige du Livre », 1973), chant V : « *Le puissant et brillant Messager prit son essor. Après avoir touché La Piérie, il se laissa tomber de l'éther sur la mer, puis courut sur les flots, pareil au goéland qui, dans les replis insidieux de la mer sans récolte, chasse les poissons et mouille d'eau salée ses ailes résistantes. Pareil à cet oiseau, Hermès se porta sur les flots innombrables* » (p. 66). « *Sous la forme d'une mouette*

qui vole, [Ino] sortit des calmes profondeurs [...]. *Elle s'enfonça dans la mer ondulante, sous forme de mouette, et le sombre flot dès lors la recouvrit* » (p. 73).

43. L. GOLDMANN, « Nouveau roman et réalité », pp. 279—324 in *Pour une Sociologie du roman* (Paris, Gallimard, Coll. « Idées », 1964).

44. LACAN, *Écrits I, op. cit.*, p. 136-7.

45. P. BAYARD, *Symptôme de Stendhal. Armance et l'aveu* (Paris, Lettres Modernes, 1979).

46. C'est ainsi qu'à la suite de nos conversations de Würzburg sur le ruban de Mœbius, A. Robbe-Grillet a dédicacé mon exemplaire du *Voyeur* en juxtaposant au titre : « *un circuit qui "tourne" mal* ».

47. On pourra se familiariser avec les opérations de métamorphoses textuelles proposées par un ruban de Mœbius en se reportant aux modèles de Luc ÉTIENNE, « Poèmes à métamorphoses pour rubans de Mœbius », pp. 269—75 in OULIPO, *La Littérature potentielle* (Paris, Gallimard, 1973).

48. *Pour un Nouveau Roman, op. cit.*, p. 153.

49. M. BUTOR, « Le Roman comme recherche », p. 11 in *Essais sur le roman* (Paris, Gallimard, Coll. « Idées », 1969).

50. Voir notamment : Bruno ERNST, *Le Miroir magique de M.C. Escher* (Paris, Éd. du Chêne, 1976, 116 p.) ; et : *Le Monde de M.C. Escher*, sous la direction de J.L. LOCHER (Paris, Éd. du Chêne, 1972, 64 p. + 200 p. d'illustrations + p. I-XII : légendes du catalogue). Nos références aux œuvres d'Escher renvoient aux n°s des illustrations de cette dernière édition.

51. Gérard GENETTE, « Vertige fixé », p. 85 in *Figures I, op. cit.*

52. Alain ROBBE-GRILLET, p. 62 in *Obliques*, n° 16-17 : *"Robbe-Grillet"* (1978).

53. Voir : D.W. WINNICOTT, *De la pédiatrie à la psychanalyse* (Paris, Coll. « Petite Bibliothèque Payot », 1969), en particulier les chapitres 7 : « Psychose et soins maternels », et 8 : « Objets transitionnels et phénomènes transitionnels » (pp. 98—125). Winnicott y affirme que « *la psychose est chose courante dans l'enfance* » et y montre comment « *certaines structures de maladies mentales, bien connues en psychiatrie d'adulte, apparaissent avant la puberté et au cours de la première enfance* » (p. 98). Le cas de clivage fondamental de la personnalité de Mathias semble bien ressortir à la figure 7, trouvant « *son origine dans un manque d'adaptation active de la part de l'environnement au début de la vie* » (p. 104). Il en résulte entre autres le féchitisme (« *persistance d'un objet spécifique, ou d'un type d'objet qui remonte à l'expérience infantile dans le domaine transitionnel, lié à l'hallucination d'un phallus maternel* ») et le mensonge (né du besoin « *de combler une lacune dans la continuité de l'expérience à l'égard d'un objet transitionnel* ») (p. 125), caractéristiques de notre roman.

54. Nous empruntons ces termes à Gérard Genette, qui désigne « *par* prolepse *toute manœuvre narrative consistant à raconter ou évoquer d'avance un événement ultérieur, et par* analepse *toute évocation après coup d'un événement antérieur au point de l'histoire où l'on se trouve, et réservant le terme général d'*anachronie *pour désigner toutes les formes de discordance entre les deux ordres temporels* » (*Figures III* [Paris, Éd. du Seuil, Coll. « Poétique », 1972], p. 82).

EXTRAIT D'UN DÉBAT PUBLIC
AVEC ALAIN ROBBE-GRILLET

Université de Caen, 24 avril 1975

Comment avez-vous l'idée d'une œuvre, comment naît-elle, se réalise-t-elle, — et plus spécialement quels rôles respectifs jouent pour vous les signifiants d'une part, le souci de figuration de l'écriture d'autre part, et l'intérêt porté aux thèmes qui sont du ressort de la psychanalyse ?

Quand un de mes livres paraît ou quand un de mes films est projeté sur les écrans, je reçois un accueil de la critique qui m'étonne toujours : les critiques ont l'air de supposer que celui qui entreprend une œuvre narrative — qu'elle soit romanesque ou cinématographique — a pour projet une histoire à raconter, c'est-à-dire une espèce de contenu anecdotique comme ceux qui alimentent quotidiennement les romans et les films de grande consommation. Dès ce premier contact de l'œuvre avec la critique, je sens à quel point il y a un hiatus entre cette critique et ce qu'on peut appeler la littérature moderne. C'est que le projet générateur de l'œuvre est toujours un projet formel. Exactement, si vous voulez,

85

comme un peintre qui a un tableau en tête : il ne pense pas forcément à un coucher de soleil, mais à avoir une tache rouge dans un coin de la toile, des lignes horizontales qui se profileraient sur un horizon lointain, etc. Et c'est seulement après que ça devient, dans son projet, un paysage. Or les critiques méconnaissent à tel point ce phénomène qu'ils tentent constamment de ramener l'œuvre à l'expression d'une anecdote, d'une histoire. C'est quelque chose dont l'auteur souffre, mais en même temps il faut reconnaître qu'il est presque normal que le projet formel de l'œuvre rencontre une telle incompréhension, ou même hostilité, de la part de la critique : ce projet est en somme un projet solitaire qui s'adresse d'abord à l'œuvre elle-même, et ensuite seulement peut-être à un public qui serait lui-même un public créateur, qui aurait en somme des préoccupations du même ordre.

Cependant, quand un critique de peinture rend compte d'une exposition ou des nouvelles œuvres d'un peintre, il ne se limite pas à dire : « Cette année, X. peint des couchers de soleil sur la lagune » ; il parlera toujours de la façon de peindre. Tandis que, dans le cinéma et même en littérature — malgré les études littéraires considérables parues depuis le début de ce siècle —, l'idée que le récit est d'abord une histoire reste ancrée dans la critique comme dans une grande partie du public. Alors que pour moi, ça reste tout d'abord une forme.

Bien entendu, le projet formel n'est pas parfaitement organisé déjà dans la tête, d'où l'œuvre sortirait toute faite. C'est un projet en mouvement, un projet mobile, un projet qui, à chaque instant, va être modifié par le travail même de l'œuvre. Prenons pour exemple mon œuvre la plus récente. Le projet du *Jeu avec le feu* consistait à baser un film — pour la première fois dans un de mes films — sur une structure musicale, c'est-à-dire sur l'interférence de différents domaines musicaux qui auraient des plages de recouvrement et des plages de distorsion. Bien avant l'histoire des enlèvements, de ce magnifique bordel à fantasmes, il y a eu le projet de prendre trois domaines sonores bien identifiables et très différents comme sonorité et comme rythme : l'un est le quatrième acte du *Trouvère* de Verdi ; le second, une chanson brésilienne accompagnée par une mandoline et un trio de batteries, une chanson très populaire au Brésil. Le troisième thème était dès le départ une musique militaire : je voulais une musique de soldats avec chant, et j'ai été conduit très rapidement à prendre une marche allemande dans la mesure où les marches françaises étaient trop sautillantes. J'ai donc choisi une marche allemande, traditionnelle — et non pas du tout un chant nazi comme il a été dit par des esprits légers. C'est l'histoire d'une petite fleur qui fleurit sur la lande et qui s'appelle la bruyère, mais c'est une marche très grave, avec toute une connotation de virilité, de pesanteur, que j'ai accentuée encore en ralentissant le passage de la bande. Or vous savez que, quand on ralentit une bande, d'une part on ralentit le rythme, d'autre part on abaisse la voix, on la rend plus grave.

C'est donc ces trois domaines qui étaient au départ dans ma tête. Vous voyez que c'est un projet qui ne raconte rien : c'étaient trois domaines sonores qui devaient jouer entre eux. Et ce projet devait être alimenté par un certain nombre de thèmes et, comme toujours, par un souci d'économie dans la production, je reprends volontiers les mêmes thèmes. On s'est étonné que les histoires que racontent mes films ou mes livres soient toujours les mêmes. Mais c'est volontaire. Comme justement ce matériau a pour moi peu d'importance, il sera d'autant plus lavé qu'il aura servi plus souvent. J'ai repris donc des anecdotes qui se retrouvent à peu près dans tous mes livres ou films, avec un certain nombre de thèmes qui sont des thèmes-images et non pas des thèmes anecdotiques. — Il y aurait là encore un autre problème à envisager : comment un thème peut être un thème de livre seulement, ou de film seulement, ou à la fois l'un et l'autre. — Il y avait en particulier au départ l'objet *feu*, le feu comme objet image, et comme objet sonore aussi puisque le feu crépite et fait du bruit. Évidemment, ce feu était directement en liaison avec le quatrième acte du *Trouvère*. Vous ne connaissez peut-être pas tous l'histoire du *Trouvère* de Verdi ; c'est une histoire parfaitement abracadabrante, largement aussi incompréhensible que celle du *Jeu avec le feu*, et qui est basée sur un point de départ encore plus extravagant : la mère a jeté son fils dans le feu, par erreur — ce qui est vraiment merveilleux — à la place du fils haï du comte haï. Et c'est ainsi que les choses ont commencé à s'organiser peu à peu.

Ensuite sont intervenus les acteurs. J'avais envie de travailler avec Philippe Noiret, acteur qui m'intéresse depuis longtemps ; j'avais envie de retravailler avec Trintignant, avec qui j'entretiens des relations amicales depuis mes premiers films, et je voulais travailler une deuxième fois avec Anicée Alvina, cette jeune fille que j'avais beaucoup appréciée dans mon film précédent. C'est en somme ces acteurs-là qui ont plus ou moins créé les personnages qu'ils sont devenus dans le film. Ajoutons que, de même que, quand j'écris, c'est le mouvement de l'écriture qui produit le roman — c'est-à-dire qu'il n'y a pas au départ des fiches, une organisation, une théorie qui s'illustrerait simplement par l'œuvre —, de même pour le film j'ai obtenu des producteurs qui me font confiance de ne pas écrire un scénario. Au départ, il y a seulement un certain nombre de scènes, de points particuliers, de morceaux de dialogues, etc. qui serviront en somme à engendrer le reste du film.

Ai-je répondu à votre question ? Non, parce qu'elle était trop vaste et que vous avez aussi parlé de psychanalyse. C'est alors que les choses se compliquent parce que c'est le point sur lequel ce n'est peut-être pas à moi de répondre. Vous savez que mes petits travaux, qu'ils soient littéraires ou cinématographiques, ont beaucoup passionné les psychanalystes. Les premières analyses parues sont celles du docteur Anzieu, à propos de *Trans-Europ-Express*, dans *Les Temps Modernes*. Et le docteur Anzieu procédait là avec une certaine naïveté comme s'il pensait que j'avais pu être moi-même innocent, que j'étais encore au XIXe siècle, que Freud ne serait pas passé par là, et que, par conséquent, on pouvait psychanalyser mes œuvres comme si je n'avais pas vu moi-même ce que j'y mettais. Or les choses sont maintenant plus compliquées parce que la psychanalyse fait désormais partie du matériau stéréotypé, participe d'une mythologie qui est la nôtre. La psychanalyse maintenant est dans *Paris-Match*, dans *France-Soir*, dans les films américains à gros budget. Elle est en somme devenue un objet non seulement de culture, mais même de sous-culture, un objet de *mass media*. Ça ne peut donc jamais être sans un certain humour qu'un grand thème, comme le thème du père par exemple, reparaît dans *Le Jeu avec le feu*.

Un point moins connu cependant m'a intéressé, celui des rapports du feu avec l'œuvre de Freud. Quand j'ai fait le film, j'ignorais l'existence — mais maintenant le rapprochement me semble évident — d'un texte de Freud qui s'appelle : le rêve de l'enfant qui brûle. C'est un des rêves qui sont analysés dans *La Science des rêves*, et qui est intéressant dans la mesure où il n'a été fait ni par Freud lui-même, ni par un de ses patients. Ce rêve lui a été raconté par une patiente qui l'avait entendu dans une conférence. Et Freud imagine qu'il y a toute une chaîne de rêveurs qui reproduisent le rêve de l'enfant qui brûle. Or, à voir le film maintenant, j'ai l'impression que l'image centrale en est probablement une image qui n'était pas du tout centrale pour moi à l'époque de sa préparation, et qui est celle de la jeune fille morte dans son cercueil ouvert, les flambeaux de part et d'autre, et le peut-être père, en tout cas un homme qui pourrait être son père, assis près d'elle et qui la veille. C'est exactement l'image décrite par Freud. L'enfant est mort après une longue maladie, brûlante bien entendu, les flambeaux entourent le cercueil, et le père, qui s'était endormi de fatigue, se réveille brusquement après avoir entendu la voix de son enfant lui dire : « Ne vois-tu donc pas que je brûle ? » Il se réveille, voit que les flambeaux sont tombés, ont mis le feu au drap, et qu'un bras de l'enfant commence à brûler. Ce rêve présente un rapport évident avec l'histoire du *Trouvère*, et pour tous les analystes récents qui se sont penchés sur lui (alors que, curieusement, Freud ne l'analyse pas, déclarant que son sens est trop évident, ce qui est assez bizarre de sa part), ce rêve a été lié à une mythologie de l'inceste. Le feu serait justement un rapport incestueux entre le père et l'enfant. Dans le texte de Freud, l'enfant est *das Kind* : on ne peut pas savoir s'il s'agit d'un garçon ou d'une fille. C'est aussi bien une fille, et chez moi c'est une fille, bien entendu.

[*à propos de l'objet et de l'objectivité*]

[...] Quand Roland Barthes avait prononcé le mot *objectivité* à propos de mes premiers livres, il fallait bien voir que, comme presque toujours, il l'employait un peu à côté de son sens courant. Mais il avait pris la précaution de le définir : « tourné vers l'objet ». C'est la définition du *Littré* que Barthes avait mise en épigraphe à son texte « Littérature objective ». Il ne s'agissait donc pas du tout d'être neutre, impartial, caméra purement scientifique qui enregistre tout sans prendre parti, mais d'être tourné vers l'objet. Et c'est le narrateur qui est tourné vers l'objet.

Dans tous mes premiers récits, dans *Le Voyeur* et *La Jalousie* en particulier, il y a une espèce de creux central qui est quand même l'origine d'un regard, le regard de quelqu'un. Si mes préoccupations avaient été objectives, c'est-à-dire de neutralité, d'impartialité, comment est-ce que le mille-pattes écrasé de *La Jalousie* pourrait avoir tantôt deux centimètres, et tantôt dix ou vingt ? C'est visiblement un objet qui prend une forme par le regard, qui est déformé, et plus généralement informé, par le fait qu'il y a un regard qui l'appréhende. En fin de compte, je pense que l'objet ne m'intéresse pas, contrairement à ce qui a été dit par les critiques du début. Je me rappelle une phrase de Sartre : « Si je dis que la boîte de mon encrier est un parallélépipède, je n'ai rien dit sur cette boîte ». Évidemment ! Mais ça m'est égal de ne rien dire sur la boîte. Ce qui m'intéresse, si j'écris que la boîte est un parallélépipède, c'est que je dis quelque chose sur le regard qui a vu la boîte, et le monde dans lequel se meuvent les regards est un monde d'objets, et non un monde objectif. C'est même probablement le plus subjectif de tous les mondes. Mes personnages sont en général de mauvais témoins puisque, dans *Le Voyeur*, nous avons affaire à une sorte de criminel sexuel qui se nie à lui-même son propre crime, et, dans *La Jalousie*, à un mari dont les réactions vis-à-vis de sa femme sont un peu névrotiques quand même. Ce sont donc de mauvais témoins. Pourquoi avoir choisi des témoins aussi suspects si mon but avait été justement l'objectivité scientifique que les critiques ont cru y lire après que le mot leur avait été lancé ?

[...] Je pense que le choix des générateurs — même s'il a l'air de procéder du hasard comme chez Raymond Roussel quand il piquait avec une épingle les pages d'un dictionnaire pour trouver les mots qui lui serviraient de générateurs —, le choix d'un certain nombre de thèmes, révèle une constellation, et que cette constellation est analysable. Il faut seulement ne pas commettre l'erreur de penser que le premier analyste peut ne pas être l'écrivain lui-même. Le premier analyste est l'écrivain, et le deuxième est le lecteur. Et je pense que l'image la plus séduisante de la façon dont s'écrit l'œuvre serait quand même celle du divan du psychanalyste. C'est-à-dire qu'il s'agit pour le malade de raconter. Ce qu'il raconte n'est pas très important : c'est le fait qu'il raconte et la façon dont il le raconte qui constituent en somme sa propre structure mentale. C'est ce qui est important, et non le fait que ça repose sur tel ou tel objet.

TABLE

TYPOGRAPHIE DE COMPO-SÉLECTION (PARIS)
IMPRIMERIE F.PAILLART (ABBEVILLE) D. 5433.

Dépôt légal : juin 1982   **IMPRIMÉ EN FRANCE**